대남도발사

# 대남도발사

조성훈 지음

**차 례**

오는 7월이면 1953년 7월 27일 정전협정이 체결된 지 62주년이 된다. 협정은 그 서문에 명시되었듯이 "최후적인 평화적 해결이 달성될 때까지 한국에서의 적대행위와 일제 무장행동의 완전한 정지를 보장하는 정전을 확립할 것"을 목적으로 체결되었다.

그러나 정전 직후부터 1980년대까지의 현실은 달랐다. 북한은 4·19혁명, 베트남전 격화와 월남 패망, 광주민주화항쟁 등 남한에서 허점을 보이면 기회를 놓치지 않으려 했다. 김일성은 6·25전쟁을 통해서 무력에 의한 통일이 전혀 불가능하다는 점을 교훈으로 삼지 못했다.

특히 1966년 10월 5일, 북한 노동당 회의에서 남한 혁명운동을 위해 폭력·비폭력투쟁을 선포한 이후 청와대습격사건·울진삼척지구 침투 등 북한의 도발이 격화됐다. 비록 선전포고는 없었지만 거의 전쟁(undeclared war) 수준이어서 제2한국전쟁을 우려하는 목소리도 높았다.

1980년대 이전에는 비무장지대를 비롯한 지상에서 도발이 잦았다면, 1990년대 중반 이후에는 서해상에서의 분쟁이 늘어났다. 1999년 6월 북한 어선과 경비정의 북방한계선(NLL) 침범으로 초래된 연평해전, 2002년 6월 북한 경비정의 NLL 침범 및 의도적 기습공격 등은 모두 NLL을 둘러싼 갈등이 무력충돌로 이어진 사건들이다.

지난 2010년 11월 23일 연평도 포격도발은 천안함 격침사건의 충격이 채 가시기도 전에 일어난 사건으로, 남북 간의 교전 중 민간인이 사망한 것은 6·25전쟁 이후 처음 있는 일이었다. 그 후에도 북한의 불안정한 지도력과 체제 속에 장거리미사일과 핵개발 위협이 계속되고 있어 정전 체제란 그야말로 잠시 전쟁을 쉬고 있는 상태임을 경고하고 있다.

한국은 1987년 이후 정치적으로도 민주화가 진전되면서 경제적 성공과 함께 안정적인 발전을 할 수 있었다. 여기에 굳건한 한미동맹의 기반 위에 대북한 군사적 억제력도 보유할 수 있었다. 이미 1990년 6월 25일, 현홍주 주 유엔 한국대사는 "한반도에서 실질적

대결은 끝났다(The 'real confrontation' on the peninsula is over)."고 자신감을 나타냈었다.

이후 20년 이상이 지났지만, 핵위협을 비롯한 북한의 군사적 도발 가능성은 여전히 존재하고 있다. 물론 1990년대 이후 북한의 도발은 무력적화통일론의 의미보다는 도발을 가장한 공갈협박으로서의 체제 유지전략이라는 성격을 띠었다.

북한의 지속적인 도발위협에 대해 공존공영을 추구하면서 공동의 이익을 위해서는 '예방주의'를 넘어서서 그들과 적대관계를 청산하고 상호 협력하는 '적극적인 평화'를 구축하는 노력이 필요하다.

필자는 "북한의 도발은 왜 계속되는가?"라는 문제의식으로 1953년 정전협정 체결 이후 북한의 잦은 도발 배경과 실상을 정리하고, 이를 극복하려는 방안을 모색했다. 아무쪼록 필자의 고민이 한반도에서 계속되는 '냉전의 고도'와 갈등의 역사를 벗어나는 초석을 마련하는 데 일조하길 고대한다.

2015년 4월
수리산 자락에서

# 1부

# 북한의
# 대남전략과
# 도발

# 1장
# 한국은 1년 365일, 전쟁에 대비해야 한다

3년간의 치열한 전쟁을 겪은 후 1953년 7월 27일, '통일 없는 정전협정 체결'은 한국에 또 하나의 시련으로 이어졌다. 유럽에서 동서 냉전은 끝났지만 세계에서 마지막 냉전을 치르고 있는 한반도에서는 전쟁 이후 60년이 넘도록 남북 간 군사적 긴장과 대치상태가 지속되고 있다.

'정전협정'은 용어가 정의한 대로 체제가 다소 안정된 듯 보이나 남북한 사이에는 언제라도 폭발할 수 있는 가연성이 내포되어 현재 '정전'이 아닌 전쟁을 잠시 멈춘 휴전상태라는 표현이 적절할 것이다. 해상을 포함한 분계선 지역은 어느 곳보다 충돌이 일어날 수 있는 위험요소를 다분히 지니고 있다.

휴전협상에서 쌍방은 비무장지대를 설정하여 이를 완충지대로 함으로써 적대행위의 재발을 초래할 수 있는 사건의 발생을 방지하려 했다. "쌍방은 모두 비무장지대 내에서 또는 비무장지대로부터 또는 비무장지대에 향하여 어떠한 적대행위도 감행하지 못한다."(정전협정 제1조 6항)고 규정되었다.

　그러나 비무장지대 일대에는 병력의 집중배치, 참호, 지뢰, 철조망 등 세계에서 가장 중무장된 국경선으로 잠재적인 분쟁지역이다. 심지어 1년에 수만 명의 국내외 관광객이 판문점을 방문하고 있지만, 관광객 1명의 부주의한 제스처가 충돌을 야기할 수 있는(one harmless motion from a tourist cause an outbreak of war) 매우 긴장된 상황에 처해 있다. 이 때문에 독일의 시사주간지 『슈피겔』은 2011년 8월 베를린 장벽 건립 50주년을 앞두고 세계 5개 대륙의 대표적인 장벽을 소개하면서 한국의 비무장지대(DMZ)가 세계에서 가장 위험한 국경선이라고 소개했다.

　정전 직후부터 1980년대까지 북한은 남한에서 허점을 보이면 기회를 놓치지 않으려 했다. 이 시기 그들의 통일관은 일관되게 남조선 혁명을 전제로 한 '선혁명, 후통일'이라는 전략이었다. 따라서 우선 북한에 통일적 민주독립국가 건설을 위한 강력한 정치, 경제, 문화적 민주기지를 건설하여 이를 바탕으로 통일전략을 구사하였다.

남북 양측의 군인들이 오늘도 휴전선 철책을 정찰하고 있듯이 이곳의 상황만으로 판단할 때 휴전선 일대는 1950년의 여름과 별반 달라 보이지 않는다. 한국은 오늘날 지구상에서 유일한 분단국가로 남아 있다. 전쟁을 겪지 않은 대부분의 국민들은 한반도의 긴장에 대해 실감하지 못하고 있는 게 사실이지만, 판문점에서 근무하거나 휴전선 철책을 직접 보면 남북한의 긴장상태를 실감할 수 있을 것이다. 더욱이 서울이 휴전선으로부터 불과 24마일밖에 떨어져 있지 않고 북한의 장사정포 사거리 안에 있는 수도권에는 남한 인구의 약 절반이 살고 있어서 북한의 위협에 매우 취약하다. 존 틸렐리(John Tillelli Jr.) 전 주한미군 사령관은 북한의 위협이 단지 몇 마일 떨어지지 않고 몇 분 걸리지 않는 곳에 있을 뿐(the North Korean threat is just a few miles and few minutes away)이라고 지적했다.

  북한군은 병력의 70퍼센트 정도를 비무장지대 일대에 배치했고, 여전히 후방을 교란하기 위해 10만 명 규모의 특수전 부대를 훈련시키고 있다. 여기에 그들은 핵무기 개발을 비롯해 신경·질식작용제 등 화학무기의 양산 체제도 갖춘 것으로 알려져 있는데, 이런 화학무기의 보유는 북한의 핵개발보다 더 심각하고 현실적인 위협이 될 수도 있다.

  2000년 6·15 남북공동선언 이후 남북이 교류와 협력을 진행하고 있지만, 북한의 핵개발이나 2008년 7월 금강산관광객 피격사건, 2010년 천안함 격침과 연평도 포격도발사건 등에서 보듯이 불안한 정전 체제는 아직 끝나지 않았다. 2013년 3월 5일에는 정전협정의 백지화를 선언했다.

"건국 이후 우리의 국가 발전을 저해하고 성장을 가로막아 온 요인은 많이 있었지만 그 가운데 가장 핵심적인 것은 북한의 끊임없는 남조선 공산화 책동이었다. 50년 전이나 지금이나 우리의 생존을 위협하고 우리나라를 말살시키려는 적은 그 실체가 전혀 변화하지 않고 있다."는 백선엽 장군의 지적처럼 군 원로들의 의식 속에는 북한이 저지른 남침에 대한 기억이 크다. 4·19혁명, 베트남 패망, 광주민주화항쟁 등 남한사회가 혼란스러울 때마다 북한의 남침을 우려하였다. 1990년 초, 딕 체니(Dick Cheney) 미 국방장관은 "새벽에 일어나면 어젯밤 기습공격을 받지 않았는가를 걱정하는 세계에서 유일한 지역이 한반도"라고 말했다.

## 2장
# 6·25전쟁 인식과 무력통일론

## 북한의 6·25전쟁 인식

6·25전쟁을 겪으면서 남북한 모두 상대방에 대한 강렬한 적대의식과 피해의식이 구체화되고 가속화되었다. 더욱이 정전 후에도 북한은 전쟁에 대해 '북침론'과 민족해방전쟁론을 내세우고, 결국 승리했다고 주장하면서 군사적 갈등과 충돌을 끊임없이 일으켜 남북 상호간의 불신을 확대시켰다.

북한 측은 김일성이 주도적으로 전쟁을 일으켰던 역사적 사실까지 왜곡하면서 주민들을 선동했다. 그동안 6·25전쟁이 발생한 원인에 대해 국내외 학계에서는 소련의 팽창주의적 요소를 강조하는 전통주의적 인식과 오히려 미국의 대외정책에서 비롯되었다는 수정주의적 시각이 서로 대립하였다. 그러나 1990년대 중반, 전쟁에 대한 구소련의 자료가 공개됨으로써 북한의 김일성이 스탈린과 마오쩌둥과 협력 아래 전쟁을 시작하였다는 점이 분명해졌다. 그러나 여전히 북한은 미국의 적극적인 도발을 강조하고 있다. 그들은 미국이 계획적인 전쟁음모를 꾸미던 상황에서 1950년 6월 25일 침략전쟁을 도발했다고 주장했다.

김일성은 이미 전쟁 전에 미국과 이승만의 전쟁정책과 침략책동이 엄중해지고 있으므로 이를 분쇄하고 남한 인민들을 식민지적 착취와 압박에서 해방하며 조국의 평화적 통일과 국토완정을 이루어야 한다고 하면서 북한에서는 민주기지를 강화하고 남한에서는 미국과 이승만 세력을 반대하는 대중적 항쟁과 인민유격투쟁을 더욱 강화할 것을 강조했다. 이렇게 국토완정론(國土完整論)을 내세웠으면서도 김일성은 "조선 인민은 이 전쟁을 원치 않았습니다. 우리나라의 전체 애국 민주역량은 조국의 평화적 통일을 위하여 가능한 온갖 대책을 추진해왔다."고 위장된 평화를 내세웠다.

1950년 6월 25일 전쟁 당일 김일성은 "이승만 도당과 괴뢰군대는 오늘 이른 새벽 38선 전역에 걸쳐 공화국 북반부를 반대하는 불의의 무력침공을 개시하였다."고 북한 내각비상회의에서 보고하면서 "적들의 야만적인 침략전쟁에 우리는 정의의 해방전쟁으로 대답할 것"을 강조했다. 26일에는 북한 인민이 "평화적 방법으로 조국을 통일하기 위하여 모든 노력을 다하고 있음에도 불구하고 이승만은 인민을 반대하여 동족상쟁의 내란을 도발했다."고 방송하면서 이승만 대통령에게 전쟁책임을 전가했다. 이튿날인 27일 조선로동당, 북조선민주당, 북조선천도교청우당 도위원회 위원장 연석회의에서도 "이승만은 북한의 평화적 통일방안을 거부하고 전쟁을 도발했다."고 역설했다.

1953년 7월 정전협정 체결을 맞이하여 북한 주민에게 방송연설을 하면서 김일성은 유엔군 사령관을 "미 제국주의자들을 위수로 한 무력 침범군 대표"로 규정했고, 휴전을 반대했던 이승만 대통령에게 "이미 3년 전 누가 침략을 시작했는지 증거하고 있다."고 비난했다.

정전 후 북한에서는 "미 제국주의자들이 이승만 괴뢰군을 앞장세워 강도적인 침략전쟁을 일으켰다."고 주장했다. 군사정전위원회에서도 미국의 사주를 받은 남한군이 북한에 대한 침략을 개시했다는 것은 세계인들이 다 아는 자명한 사실이라고 선전했다. 최근에도 "미제는 끝끝내 조국의 자주적 평화통일을 실현하기 위한 공화국 정부의 적극적인 노력에 침략전쟁을 일으켰다."고 미국이 침략했음을 강조했다.

북한 정부는 이러한 인식 아래 전쟁 당시 북한 주민을 동원할 때나 전후에도 줄곧 교육을 시켜왔다. 한 탈북자는 북한에서 어릴 때부터 6·25전쟁이 '미제가 일으킨 북침전쟁'이었다는 반미선전을 지겹게 들어왔다면서 "북한의 6·25전쟁 교육은 철두철미 반제반미 계급교양"이라고 기억했다. 이렇듯 북한의 주장은 미국에 대한 증오와 적개심을 일으키는 것이 목적이었다. 심지어 전시에 북한 문화성 차관을 지낸 정상진은 "1952년 12월 중순에 유성철 작전국장과 회식 석상에서 북한의 남침 사실을 처음으로 알았다."고 회고했다.

북한은 전쟁 성격에 대해 민족해방론의 입장을 내세웠다. 김일성은 조선로동당 중앙위원회 정치위원회와 내각비상회의를 열고, "적들의 야만적인 침략전쟁에 우리는 정의의 해방전쟁으로 대답해야 한다."고 명령하면서 부정의한 침략전쟁을 정의의 해방전쟁으로 둔갑시켰다.

북한과 중공군이 남한을 점령한 것은 해방이고, 국군과 유엔군이 북진한 것은 침략한 것이라고 주장했다. 이를 수행하는 인민군에 대해 "미국 침략자들과 이승만 도당을 격파 분쇄함으로써 우리 인민의 자유와 조국의 독립을 수호하였을 뿐만 아니라 극동 및 세계평화 유지에 막대한 기여를 하였으므로" '정의의 군대'라고 치켜세웠다.

이러한 정의의 전쟁론은 중공군의 개입도 정당화되면서 동북지역에 거주하였던 조선족의 적극적 참전동기가 되었다. 예를 들면 1950년 6월 해림구 홍성촌에 청년단 사업을 하고 있던 장덕호는 "6월 25일 저녁 땅거미가 질 무렵 유선방송에서 미 제국주의자들이 리승만 괴뢰도당을 부추겨 공공연한 침략전쟁이 일어났다."는 보도를 듣고, "조선 인민은 근 반세기 동안 일본 제국주의의 노예생활에서 갖은 수모와 압박 착취를 받아왔는데 이제 또 미국 제국주의의 침략을 받는다면 민족 존망이 걸려 있는 것"으로 파악하고, "치가 떨려 밤을 뜬눈으로 새우고 이튿날 즉시 현으로 가서 전쟁에 참가할 결심을 제출했다."고 회고했다.

북한 정부는 1970년 7월 친공적인 국제민주법률가협회를 통해 6·25전쟁이 '미제의 북침전쟁'으로서 이를 응징한 '조국해방전쟁'으로 규정하고, 6·25전쟁 발발일부터 정전협정이 조인된 7월 27일까지 한 달간을 '반미 투쟁월간'으로, 특히 6월 25일을 '미제반대투쟁의 날'로 기념하고 있다. 이때 북한 당국은 당·군·주민들로 하여금 복수모임을 갖도록 하여 노동자·농민·청년학생·여성대표들이 차례로 나서 목이 쉬도록 '미제 타도'를 외치고, 거리마다 반미를 선동하는 대형 포스터들을 내걸었다. 구소련 붕괴 후 '북침설'이 역사적 진실이 아니었음이 분명해졌음에도 불구하고, '6·15선언' 이후에도 '미제반대투쟁의 날' 군중대회가 개최되었다.

한편 전쟁결과에 대해서도 승리한 전쟁으로 평가하면서 김일성을 영웅화했다. 평양에는 정전 이듬해인 1954년 8월 15일 개관한 '조국해방전쟁기념관'인 '전승기념관'과 '전승광장'이 있다. 김일성을 필두로 북한 인민들이 영웅적 시대를 창조한 것으로 부각시켰다. 정전 60주년인 2013년 7월 27일 북한은 '전승관'을 재개관했다. 이때 김정은은 2013년 7월 "조국해방전쟁승리기념관을 돌아보고 기념관이 나라의 보물이고, 반미대결장, 반미교양의 중요거점"으로 훌륭히 꾸려진 데 대하여 커다란 만족을 표시했다.

김일성은 정전협정의 달성이 "조선 인민의 3년간에 걸친 영웅적 투쟁의 결과이며 우리나라와 우리 인민이 쟁취한 위대한 력사적 승리"라고 선언했다. 그는 1953년 10월 23일 인민군 제256부대 장병들에게 통일을 실현하지 못했지만, "조선전쟁은 승리로 끝났습니다. 세계 제국주의의 원흉인 미제와 그 15개 추종 국가들의 방대한 무력을 때려부시고 그들로 하여금 우리의 요구대로 정전협정에 조인하지 않을 수 없게 한 것은 우리의 커다란 승리"라고 말했다. 1953년 7월 27일 미제는 판문점에 끌려 나와 조선민주주의인민공화국 깃발 앞에 무릎을 꿇고 정전협정에 도장을 찍었다면서 이 날을 '조국전쟁해방 승리기념일'로 불렀다. 김정일은 1993년 7월 정전체결일을 '제2해방의 날'로 지정하여 '국가적 명절'로 제정했다.

특히 미국이라는 외래 침략자에게 승리한 것을 집중 부각시켰다. 정전협정 체결 전에 김일성은 북한 주민에게 보낸 호소문에서 "우리 인민은 5천 년 역사 동안 여러 번에 걸쳐 외국 침략자들과 영웅적인 투쟁을 벌였지만, 이번 조국해방전쟁에서만이 조선 인민은 가장 강력한 적을 맞이하여 잔혹한 패배를 안겨 주었고…… 국제적 권위를 획득했다."고 주장했다. 또한 "전 세계 민주주의 진영의 승리이자 국제주의의 승리"라면서 자본주의 제도에 대한 새롭고 선진적인 인민민주주의 제도의 참다운 우월성을 보인 것으로 평가했다.

2015년 1월 1일 신년사에서도 김정은 위원장은 "장장 70년간 민족분열의 고통을 들씌워온 미국은 시대착오적인 대조선 적대시 정책과 무분별한 침략책동에 매달리지 말고 대담하게 정책 전환을 해야 할 것"이라고 촉구했다. 하지만 정전 후 끊임없는 무력도발을 통해 한반도를 불안하게 한 책임은 북한에 있었다.

1953년 7월 28일 북한의 최고인민회의 상임위원회에서 김일성에게 '공화국 영웅칭호'와 함께 국기훈장 제1급과 금별메달을 수여했다. 전쟁의 승리요인으로 중국, 소련 등의 사회주의국가의 지원보다 김일성의 백전백승의 지략과 전법, 세련된 영도가 있었기 때문이라고 칭송되었다. 『로동신문』 2002년 6월 25일자 사설에서 6·25전쟁이 김일성의 탁월한 군사사상과 독창적인 전략전술, 주체전법에 의한 빛나는 승리라면서 제2의 광복을 가져다 준 민족사적 사변이었고, 20세기의 군사적 기적이었다고 강조했다. 그러나 "전쟁을 일으켰다가 중국으로 도망갈 지경"에 이르렀던 김일성에게 대전략가, 영웅이라고 한 칭송은 역사적 사실과 거리가 멀다.


## 무력통일론

북한 측은 정전 후부터 평화공세를 했지만, 통일을 위해 무력을 포기해야 한다는 인식은 없었다. 김일성은 정전 직후인 1953년 8월 5일 조선로동당 중앙위원회 제6차 전원회의에서 "정전협정을 체결함으로써 우리 조국의 통일문제를 평화적으로 해결할 수 있는 가능성을 얻게 되었다."고 말했다. 그러나 전후 남한에 미군이 주둔하고, 한미상호방위조약이 체결되어 있는데도 북한 측은 비무장지대 도발, 무장간첩 남파, 판문점도끼만행사건, 미얀마 랭군 아웅산 폭파사건 등 수많은 도발을 통해 무력을 행사해 왔다.

　김일성은 "한 나라 안에서 남조선과 북조선이 분리되어 공존할 수 있는 사상은 통일에 대한 투쟁의욕을 마비시키는 것이며 남한을 버리겠다는 매우 위험한 것"이라고 강조했다. 그는 1954년 12월 23

일 인민군 간부회의에서 "우리 군대의 장래 임무는 공화국 남반부를 해방하는 데 있습니다. 그렇다고 하여 당장 래일 혹은 모레 남반부를 해방하겠다고 조급하게 서둘러서는 안될 것이다."라고 말했다. 1955년 8월 발간된 초급 중학교 3학년용『조선민주주의인민공화국헌법』에서도 "우리나라 북반부에서의 새로운 인민 정권 확립과 제반 민주개혁을 법적으로 확고히 하고 있으며, 또한 이러한 질서를 남반부에도 수립하려고 지망하는 우리 인민의 근본 리익을 반영하고 있다."고 교육시켰다.

이미 1950년대 진보당의 조봉암은 '평화통일에의 길'에서 한국이 한미상호방위조약이 체결되어 있고, 북한에는 '조·소방위협정'이 체결되어 있으므로 무력통일이란 간단한 것이 아닐 뿐만 아니라 전혀 실현성이 희박한 것이라고 자유당의 북진통일론을 비판했다. 제1공화국이 붕괴된 후 남한에서는 1950년대식 '북진통일론'이 사라졌지만, 북한에서는 여전히 해방전쟁론이 주장되었다. 1990년대 동구권과 소련의 붕괴 이후에는 북한의 고립과 경제난이 가속화되면서 정권 유지를 위한 명분으로 이용되고 있다.

1960년대에 이르러 전후 복구와 경제재건에 성공한 북한은 전쟁 당시와는 달리 "자신의 혁명역량은 비할 수도 없이 장성 강화되었다."고 자신감을 가졌다. 김일성은 "북한에 발전된 사회주의사회를 건설하며 통일과 혁명의 전국적 승리를 이룩할 수 있는 커다란 힘을 마련하여 놓았다는 것을 확신성 있게 말할 수 있다."고 자신했다.

4·19혁명 이후인 1960년 9월 하순, 김일성은 개성시를 현지지도 한 후 군사분계선에 인접한 판문군 봉동마을을 방문하여 마을 청년 들에게 "우리가 일을 더 잘해서 분계선을 하루빨리 없애고 나라를 통일해야겠다."고 말했다. 1963년 2월 6일에도 그는 군사분계선 초 소를 방문했다. 1967년 3월 하순 김일성은 도·시·군 및 공장 당 책 임비서협의회에서 한 연설에서 "전쟁준비를 잘 할 데 대해서는 이미 여러 번 말하였고…… 우리는 모든 전쟁을 일률적으로 반대하거나 두려워할 것이 아니라 반대로 남조선에서 미국놈들을 몰아내고 조 국을 통일하기 위하여 어느 때든지 한번은 꼭 그놈들과 해방전쟁을 하여야 하겠다는 사상으로 튼튼히 무장되어 있어야 합니다."라고 강 조했다. 1968년 9월 7일 "통일은 미제 침략자들을 우리 강토에서 몰 아내고 남조선 괴뢰정권을 때려 부순 다음에야 비로소 이룩될 수 있 다."고 대남 공산화 의지를 드러냈다.

1970년대 남북대화 시기인 1972년 4월 26일 김일성은 남한과의 비밀 접촉에서 "6·25와 같은 일은 다시 없을 것"이라고 말했고, 또 한 "우리가 남침하지 않겠다는 것을 이미 여러 차례에 걸쳐 천명하 였는데 남조선 위정자들은 계속 '남침'에 대하여 떠들어대고 있다."

고 반박했다. 그러나 베트남의 공산화와 이 지역에서 미군 철수는 6·25전쟁 전 중국의 공산화와 미군 철수와 같은 조건으로 인식시켜 김일성에게 한반도의 공산화 의욕을 다시 점화시켰다. 그는 베이징을 방문해서 "조선에서 만약 혁명전쟁이 일어난다면 우리는 오로지 잃는 것은 군사분계선이요, 얻는 것은 통일"이라고 주장했다.

1974년 4월 11일 평양에 '조국해방전쟁승리기념관'을 새로 개관하면서 김일성은 "조국해방전쟁승리기념관은 전쟁경험과 군사를 배워주는 거점이 되어야 한다."면서 "우리가 조국을 통일하기 위해서는 어느 때든지 한번은 적들과 싸워야 합니다. 우리 대에 조국을 통일하지 못하면 우리 아들이나 손자 대에라도 반드시 조국을 통일하여야 합니다."고 강조했다. 그는 이해 10월 1일 수리아아랍공화국 대표단을 환영하면서 "우리나라에서의 사회주의 건설 전망은 휘황찬란하다."면서 남한도 북한의 사회주의 건설성과에 고무되었다고 자신했다.

한편 1972년 7월 19일 조선로동당 선전선동부 부부장이었던 김정일은 판문점을 방문한 후 개성시 자남산에 올라 판문각에서 "일군들에게 분열된 조국을 통일하는 것은 한시도 미룰 수 없는 우리 인민의 지상 과업이라며 김일성 대(수령님 대)에 반드시 조국을 통일하여야 한다."고 강조했다. 그는 이러한 관심 때문에 판문점을 여러 차례 방문했고, 판문점과 군사분계선 상에서 일어나는 자그마한 사건까지 구체적으로 이해하고 있었다고 한다. 1984년에 발간된 『인민생활을 더욱 높일 데 대하여』에서 김정일은 "군으로 하여금 지방경제를 발전시키는 것은 국방상 견지에서 보아도 매우 중요하다……. 우리의 모든 문제를 전쟁적 관점에서 풀어나가야 한다."고 피력했다.

1980년 10월 조선로동당 제6차대회에서 김일성은 "우리는 자위의 군사로선을 철저히 관철함으로써 원수들의 어떠한 침략도 물리치고 우리나라 국가사회제도를 튼튼히 보위할 수 있는 강력한 국방력을 마련하였다."고 주장했다. "미국은 35년 동안이나 남조선을 강점하고 가혹한 식민지 통치를 실시하여 왔으며 남조선의 독재자들을 부추겨 인민들의 자유와 권리를 무참히 짓밟아왔습니다."고 지적하면서 로동당 규약에서 최종 목적으로 "온 사회의 주체 사상화와 공산주의사회를 건설하는 데 있다."고 공산화를 명시했다.

2010년 9월 28일 당대표자회의에서 수정된 조선로동당 규약에서도 여전히 "조선로동당의 당면 목적은 공화국 북반부에서 사회주의 강성대국을 건설하며, 전국적 범위에서 민족해방, 민주주주의 혁명의 과업을 수행하겠다."는 대남 적화전략을 포기하지 않고 있다.

이러한 남침론과 공산화론을 합리화하기 위해 6·25전쟁이 '미제가 일으킨 북침전쟁'이라는 논리는 전후에 미국의 전쟁도발론으로 되살아났다. 북한이 미국의 전쟁책동을 강조해 온 이유는 그들의 대남전략에 "남한만이라면 큰 문제가 없지만, 그 뒤에는 조선에 대한 침략적 야욕을 버리지 않고 있는 미국 제국주의자들이 있기 때문"이라는 논리였다.

북한은 미국이 정전 직후부터 북침을 노린 전쟁도발 책동을 끊임없이 감행했다고 주장했다. 김일성은 "미 제국주의자들이 북한을 반대하는 불장난을 거의 매일과 같이 감행하고 있으며 정세를 극도로 첨예하게 만들고 있다. 우리나라의 신성한 령토와 령해 그리고 령공에 대한 미 제국주의자들의 끊임없는 침범행위에 대하여 말한다면 그것은 그 어떤 우발적인 사건들이 아니라 조선에서 새로운 전쟁을 일으키기 위한 그들의 계획적 책동의 한 고리입니다."고 강조했다. 김대홍 민족보위상은 1970년 7월 정전협정 17주년을 맞이하여 "미국이 전쟁에서 이루지 못한 침략적 야망을 기어이 달성해 보려고 침략과 전쟁도발 책동을 일삼아왔다."고 비판했다.

# 3장
# 북한의 도발 양상

## 전략의 변화

북한은 남한 경제에 비해 앞섰거나 대등한 시절에는 적화통일을 위해서 1980년대 이후 경제적으로 불리할 때는 앞선 남한을 교란시키기나 생존 등의 정치적 목적을 위해 침투, 사보타지, 간첩, 테러, 해상공격 등의 방식으로 도발을 계속했다.

북한의 도발에 대해 다음과 같이 시기를 구분할 수 있을 것이다. 첫째, 정전 직후부터 한국군의 베트남 파병 이전 시기이다. 이 시기는 북한이 전후 복구를 서두르고 반종파투쟁 등으로 정치적 안정을 도모하면서 제한적으로 도발했던 때이다. 둘째, 1960년대 특히 베트남 파병 이후는 전후 복구를 통한 군비증강을 토대로 대남 도발을 거의 '전투' 수준으로 적극적으로 자행했던 시기이다. 셋째, 1970년대에서 1980년대까지는 해상에서 북방한계선에 대한 도발을 강화하는 한편, 무력도발 전략의 실패를 토대로 1987년 11월 대한항공 858기 폭파와 같은 테러를 적극적으로 자행했던 시기이다. 넷째, 1990년대 초 동구권과 구소련이 붕괴된 이후에는 북한의 정치적 불안정으로 경제적으로 앞선 남한을 교란시키거나 생존 등의 정치적 목적을 위해 침투, 사보타지, 간첩, 테러, 해상공격 등 도발을 계속했다.

정전 이후 유엔군사령부와 북측은 '정전협정 위반현황 통계'를 매월 판문점에서 상호 통보하고 교환해 왔다. 그러나 1991년 유엔사 군사정전위 수석대표에 한국군 장성이 임명되자 북한은 군사정전위원회의 무실화를 주장하며 1994년 5월부터 통계교환을 일방적으로 중단했다. 이에 유엔사도 정전협정 위반 건수에 대한 공식 통계를 작성하지 않고 있다. 이 시기까지 유엔군 측이 작성한 북한의 위반이 43만 건 정도인 데 비해, 북한이 주장한 남측의 위반은 1993년 말까지만 해도 83만 2,260건에 이르고 있다.

이 가운데 95퍼센트는 정치적인 선전 목적의 허위작성이라는 게 대체적인 시각이고, 그 외에 비무장지대 내 자동무기 반입 또는 휴대, 지정된 표식이 없는 군사인원 및 차량 등 비교적 사소한 위반행위들도 많았다. 예를 들면 1976년 공산 측은 2만 6,598건의 정전협정 위반사항에 대해 유엔군사령부에 항의했으나, 그중 66퍼센트는 식별 위반에 관한 것이었다. 중대 도발사건으로 비무장지대에서 발포 42건, 중화기 반입 39건, 비무장지대 내 자동화기 반입 5,557건, 비무장지대 내 화기 장착 지프차 진입 2,702건, 요새 건설 782건 등이었다.

북한의 주요 도발사건은 예를 들면 비무장지대 자동무기 반입 또는 휴대 같은 사항을 어느 범주로 분류할 것인가와 같이 중대 도발의 건수가 달라질 수 있으나, 간첩침투, 테러 등을 비롯해 북방한계선(NLL)을 포함한 군사분계선(MDL) 침범, 총격 또는 교전, 무력시위 등이다. 그 가운데 유엔군사령부에서 분류한 주요 위반사건은 〈표 1〉과 같이 200여 건이다.

〈표 1〉에 나타난 것처럼 위반사건은 육·해·공을 가리지 않았다. 이는 영토분쟁이 아니라 정치적 의도에 따른 것으로 지상침투의 비

| 구분 | 총계 | 53~60 | 61~70 | 71~80 | 81~90 | 91~00 | 01~03 | 04~06 | 07~09 |
|------|------|-------|-------|-------|-------|-------|-------|-------|-------|
| 소계 | 219 | 13 | 82 | 32 | 21 | 40 | 18 | 10 | 3 |
| 육상 | 115 | 1 | 37 | 11 | 10 | 32 | 12 | 10 | 2 |
| 해상 | 82 | 7 | 40 | 14 | 7 | 8 | 5 | 0 | 1 |
| 공중 | 22 | 5 | 5 | 7 | 4 | 0 | 1 | 0 | 0 |

〈표 1〉 북한군 정전협정 주요 위반사건

중이 높았으나, 1990년대 이후에는 해상침투의 비중도 늘었다. 북한은 주로 육상에서는 비무장지대 총격, 군사분계선 월선 및 침투, DMZ 화기반입 등을, 해상에서는 북방한계선 침범, 선박 포격, 어선과 어부 납치 등을, 공중에서는 항공기 납치 및 폭파와 영공침범 등으로 협정을 위반해왔다.

북한의 중요 위반 사례는 1960년대가 82건으로 가장 많았고 1970년대(32건)와 1980년대(21건)에는 감소세를 보이다가, 1990년대 40건으로 늘어났다. 2000년대에는 31건이나, 서해교전 등이 발생해 여전히 확전 가능성에 대한 우려가 존재했다.

## "너도 나도 살펴보자, 간첩전선 이상없나!"

주요 도발사건 가운데 1970년대 말까지 지상과 해상 등으로 무장간첩 침투의 비중이 컸다. 1978년까지 북한의 주요 도발사건 182건 가운데 지상 74건, 해상 20건 등 94건을 차지했다. 정전 후 북한 측은 쉴 새 없이 간첩을 침투시키려 했다. 1959년 2월 16일 제97차 군사정전위원회에서 유엔군 수석대표 아이라 넌 해군소장은 정전 이후 한국군과 경찰에 의해 1,000명 이상의 간첩을 사살 또는 체포했고, 1958년 한 해 동안만도 250명에 이른다고 항의했다. 1959년 5월 오제도 대검찰청 정보부장은 이해 4개월 동안 북한 남파간첩 90명을 체포했다고 발표했다.

1967년 6월 13일 제249차 군사정전위원회에서 유엔군 수석대표 마빈·C·뎀러 공군소장은 북한의 간첩 대량 남파에 항의했다. 1968년 9월 27일 제279차 군사정전위원회에서 유엔수석대표 우드워드 소장도 남파간첩의 격증을 비난했다. 그런데도 북한은 1968년 10월 30일부터 11월 1일까지 3일 동안 네 차례에 걸쳐 각 30명씩 특수정을 이용, 울진·삼척지역 해안에 침투시켰다.

더욱이 이들을 소탕작전 중인데도 1968년 11월 8일 군사분계선 표지 제0809호 남쪽 1킬로미터 지점에서 교전으로 무장간첩 4명을 사살했고 11일에는 표지 제0706호 서남쪽 약 2킬로미터 지점에서 무장간첩 2명을 사살했다.

이듬해 1969년 1월 6일과 7일에 군사분계선 표지 제30호, 70호 부근에서 무장간첩이 1명씩 출현했고 11일, 14일, 15일에는 표지 25호, 68호, 134호 부근에서 무장간첩 2명씩 적발되었으며 20일에는 표지 146호 부근에서 6명이 출현 후 도주하는 등 일련의 사건이 계속되었다.

경비를 철저히 할 수 없는 해상으로의 침투도 많았다. 1954년 8월 남파간첩 허영철은 당시 해안경비가 그다지 심하지 않았다고 회고했다. 1960년대 후반까지 동·서·남해안은 해안경비 수준은 해군이 해안경비 초소를 점차 늘리고 경비정을 도입했지만, 경계 밀도가 느슨하고 장애물도 거의 없는 무풍지대였다. 경찰 경비정은 20톤급에 10노트(시속 18km) 속력으로 30톤급에서 70톤급에 25~35노트 속력을 가진 간첩선을 추격하기 어려웠다. 간첩선이 심지어 인천 만석동까지 출몰하여 우리 군경은 대간첩작전을 우선적으로 수행해야 했다. 서해안은 1970년대 초까지 거의 매일 밤 '의아선박' 출현에 대한 신고가 들어와 항상 긴장상태였다. 1980년대 초에 들어와 경비함을

**1978년 4월 28일 문도에 침입한 간첩선**

동·서·남해에 배치함으로써 간첩침투가 크게 줄어들었다.

1996년 9월 18일 강릉 앞바다에 침투한 북한 잠수함 소탕작전은 장장 49일간 전개됐다. 북한 무장공비들이 1996년 9월 18일 잠수함을 이용하여 동해안으로 침투하였다. 강릉 안인진리 앞 해상으로 침투한 북한 잠수정 1척과 함께 무장공비 26명 중에서 우리 군에 의해 13명이 사살되고 11명이 자살했으며 1명이 생포됐고 1명이 도주했던 사건이었다.

이에 대해 김영삼 대통령은 "북한의 무장간첩침투사건은 단순한 간첩남파라기보다는 일종의 무력도발로 간주할 수밖에 없다."고 비난했다. 그럼에도 불구하고 긴장완화를 위해 12월 30일 판문점을 통해 24구의 시신을 북한에 인도했다. 여러 차례 무장남파간첩사건이 있었지만, 이때 처음으로 북한의 요구에 의해 무장간첩의 유해를 송환하였다.

이후 북한에 "간첩 남파를 하지 말고 평화를 위한 행동을 보일 것"을 기대했지만, 1998년 6월 22일에도 북한 잠수정이 속초 해안으로 침투하다 우리 해군에 발견되자 승조원 등 9명이 선내에서 자폭하는 사건이 일어났다. 같은 해 12월 17일 북한 반잠수정이 전남 여수 돌산읍 해안으로 침투하다가 우리 군의 추격으로 거제도 남쪽 해상에서 격침되어 사체 6구를 인양하기도 했다.

이러한 북한의 간첩 남파에 맞서 우리 국군 측에서도 첩보공작원을 파견했다. 김성호 민주당 의원이 2000년 10월 29일 발표한 우리 측 첩보원 파견 조사 결과에 의하면 1950년대는 조직이나 운영·훈련이 엉성해 실종자 및 전사자가 90퍼센트에 이르렀으나 점차 정비되면서 1960년대 후반엔 10퍼센트로 떨어졌다. 임무수행 중 돌아오지 않은 사람들에 대해 정보사령부가 추정하는 실종자를 보면 1950년대 5,576명, 1960년대 후 7·4공동성명까지 2,150명 등 총 7,726명이며, 이를 근거로 공작원 총 규모는 1만여 명으로 추산했다.

## 테러와 납치 비극

북한은 전후에 정치적 목적을 달성하기 위해 살인, 납치, 유괴, 저격, 약탈 등 다양한 방법의 폭력을 동원하여 사회적 공포를 일으키는 테러 활동을 자행해 왔으며, 최근에는 사이버테러도 전개하고 있다.

1974년 8월 15일 북한 지령을 받은 조총련계 재일교포 문세광은 장충동 국립극장에서 열린 8·15일 광복절 행사장에서 박정희 대통령을 저격하려다 실패하였다. 이 과정에서 영부인 육영수 여사가 서거하고, 당시 경호원이 발사한 총탄에 의해 합창단 학생이었던 장봉

화도 희생되었다. 1982년에 남한으로 망명했던 김정일 국방위원장의 전처 성혜림의 조카 이한영은 1997년 2월 25일 아파트 복도에서 북한 공작원의 총격을 받고 피살됐다.

1970년 6월 22일 북한간첩 2명이 정부요인 암살 목적으로 국립묘지 현충문에 폭탄을 장치하던 중 조작 실수로 폭발하여 1명이 사망하고 1명은 도주했다. 1983년 10월 9일 전두환 대통령 암살 목적으로 북한 공작원이 설치한 미얀마 아웅산 묘소 건물 천장의 원격조종 폭탄에 의해 우리 정부 각료 및 외교 사절 17명이 순국했다. 이때 북한 공작원 2명은 생포되고 1명은 사살되었다.

**폭파된 아웅산 묘소(출처: http://www.nis.go.kr/img)**

1986년 9월 14일 북한이 서울 아시안게임 방해를 위해 김포공항 청사 쓰레기통에 설치한 종류 미상의 폭발물을 폭파시켜 5명이 사망하고, 32명이 중경상을 입었다.

1987년 11월 29일에는 북한 공작원 김승일·김현희는 KAL 858기 기내에 시한폭탄을 설치, 미얀마 해역 상공에서 폭파해서 탑승객 115명 전원이 사망했다. 체포된 김현희는 KAL기 폭파를 통일에 기여한다고 해서 실행했으나, 통일에 기여하기는커녕 그냥 민족상잔이며, 무고한 주민 학살이라는 걸 깨달으면서 심경의 변화가 일어났다고 회고했다. 이 사건을 이유로 미국 정부는 북한을 테러 지원국으로 지정했다.

북한의 납치 국가의 대명사라 할 만하다. 1978년 1월 11일 북한 공작원은 영화배우 최은희를 영화제작 한다는 구실로 홍콩으로 유인하여 북한으로 납치했고, 같은 해 7월 19일 최은희 남편인 영화감독 신상옥을 홍콩에서 납치했다. 다행히 신상옥, 최은희 부부는 1986년 3월 13일 오스트리아의 빈에서 미국 대사관을 통해 탈출하는 데 성공했다.

1979년 4월 수도여고 교사였던 고상문은 노르웨이 여행 중 북한에 납치됐다. 결혼 15개월 만에 남편과 생이별을 했던 부인 조복희는 납북된 남편을 기다리며 홀로 20여 년간 인고의 시간을 보내다가

1996년 7월 18일 북한의 김정일에게 한 통의 편지를 남기고 서울 은평구 구산동 자신의 집 근처 아파트 옥상에서 뛰어내려 스스로 목숨을 끊었다. "남편을 하루빨리 가족의 품으로 보내지 않으면 남편을 찾아 어디든 갈 것이라고 눈물로 호소"하는 내용을 담고 있었다.

1995년 7월 9일에는 여의도 순복음교회에서 파견한 안승운 목사가 중국 옌지에서 선교활동을 하던 중 북한 공작원으로 보이는 납치조에게 끌려가는 일이 있었다.

이렇듯 북한은 한국인 납치뿐만 아니라 외국인 납치도 자행하였다. 1970년경 김정일의 지시에 따라 노동당 작전부 내에 외국인 납치조직을 만들어 놓고 1977년 13세 중학생에 불과한 '요코타 메구미(니가타현 거주)'를 비롯해 일본인, 레바논인, 프랑스인 등 전 세계 외국인을 납치해서 '납치왕국'으로 악명을 높이고 있다.


## 어선 및 어부 납치

북한은 정전 직후에는 남한 어선들의 침범에 대해 비교적 관대했으나, 1950년대 중반 이후 어선 납치와 포격사건이 자주 발생하기 시작했다. 〈표 2〉에 나타나듯이 1954부터 1956년까지는 어선 나포사건이 매년 1척에 그쳤으나, 1957년부터 크게 증가해 동해에서 9척, 서해에서 6척 등 모두 15척이 피랍되었다. 1957년 4월 16일 북한의 무장선박이 연평도 근해에서 어로작업을 하던 한국 어선 1척을 강제로 납치했고, 이해 11월 9일 명태잡이를 하던 한국 어선 8척을 동해 거진 앞바다에서 북한 선박이 강제로 납치했다. 1958년 4월 29일 연평도 근해에서 조기잡이 하던 다복호를 비롯해 11월 7일 동해 고성 앞바다에서 명태잡이를 하던 어선 2척이 북한 고속정에 의해 납치됐으며, 12월 6일에는 고성 앞바다 공해상에서 42명을 포함 어선 7척 등이 납치되는 일들이 계속되었다.

1960년대 초에는 어선의 납치가 줄었다가 1964년 74척으로 크게 늘었다. 1965년 10월 29일 강화 앞바다에서 북한 함정의 습격으

| 구분\연도 | | 54 | 57 | 59 | 60 | 64 | 67 | 68 | 70 | 72 | 76 | 91 |
|---|---|---|---|---|---|---|---|---|---|---|---|---|
| 납<br>북 | 동해 | | 9/53 | 4/27 | | 20/117 | 27/212 | 50/433 | 2/14 | 9/195 | 1/23 | |
| | 서해 | 1/2 | 6/40 | 48/348 | 7/50 | 54/251 | 19/147 | 40/323 | 10/97 | 6/64 | | 2/7 |
| | 계 | 1/2 | 15/93 | 52/375 | 7/50 | 74/368 | 46/359 | 90/756 | 12/111 | 12/259 | 1/23 | 2/7 |
| | 누계 | 1/2 | 18/107 | 92/625 | 99/675 | 228/1,337 | 305/1,992 | 395/2,748 | 413/2,909 | 444/3,415 | 448/3,472 | 464/3,678 |

(단위: 척/명)

〈표 2〉 북한의 어선 납치 통계(자료: 합참)

로 어부 109명이 피랍되었다가 107명이 송환되는 사건이 일어났다. 1967~68년 시기는 북한의 잦은 무력도발로 한반도 정세가 가장 위태롭던 시기로 남한 어선에 대해서도 비우호적이고 도발적이었다. 1967년 어선 46척과 어부 359명이 납북되었고, 1968년에는 어선 90척과 어부 756명이 피랍되었다. 1970년대에는 1976년의 16척을 고비로 납북된 어선이 1년에 2~3척 정도로 크게 줄어들었다. 이는 어로한계선 변경과 보호대책 강화, 남북대화 개시와 긴장완화의 영향을 받았기 때문이다.

항공기 납치도 이어졌다. 1958년 2월 16일 13시 14분 남파간첩의 사주를 받은 김형 등 5명이 부산발 서울행 대한민국항공사(KNA) 소속 여객기 창랑호를 납북했다. 국회의원 1명을 포함한 미군 장교 1명, 승무원 3명 등 역사상 첫 피랍사건으로 큰 충격을 주었다. 그 후 국제적 압박과 호소를 통해 피랍 18일 만에 비행기는 반환되지 않았지만, 납치범과 그의 가족 8명을 제외하고 탑승객은 판문점을 통해 모두 송환되었다. 탑승자 가운데에는 국회의원 유봉순과 공군정훈감 김기완 공군대령도 포함돼 있었다.

1969년 12월 11일 12시 35분경 북한 고정간첩 조창희가 승객과 승무원 총 51명을 태운 강릉발 서울행 대한항공 쌍발여객기(YS-11기)를 대관령 상공에서 납치해 함경남도 원산 인근 선덕비행장에 강제 착륙시켰다. 사건 발생 66일 후인 1970년 2월 14일 납치된 51명 중 승객 39명은 귀환했지만, 여승무원 정경숙, 성경희 등 5명과 승객 7명 등 12명은 아직도 북한에 억류되어 있다. 이 사건을 계기로 정부는 대한항공에 전국 12개 항공지점과 영업소에 금속 탐지기를 설치하고 무장보안관을 탑승시키는 등 재발방지를 위해 조치를 취하였다.

1971년 1월 23일 오후 1시 6분, 승객 60명 승무원 5명을 탑승시킨 대한항공 소속 F-27기는 속초비행장을 이륙하여 서울로 향하던 중 강릉 상공에 이르렀을 때, 범인 김상태가 폭발물로 조종실 벽과 동체하부를 파괴하고 조종실로 침입하여 양손에 폭발물을 들고 월북할 것을 강요하였다.

당시 범인이 창밖으로 눈을 돌려 지형을 살피는 순간 훈련조종사석에 있는 전명세는 최천일 보안관에게 신호를 재빨리 보내 권총을 발사하여 범인의 이마를 명중시킬 수 있었다. 범인이 쓰러지면서 양손에 들었던 폭발물이 떨어지자 전명세는 급한 상황에서도 기체 폭발과 승객의 피해를 줄이기 위해 몸을 날려 폭발물 및 범인을 자신의 몸으로 덮쳐 승객 60여 명을 구출하고 순직하였다. 수습조종사 전명세는 기체가 착륙하자 즉시 육군 외과병원에서 응급치료를 받고 헬리콥터로 급히 서울로 향했으나 이송 중 숨을 거두었다.

# 4장
# 선전포고 없는 전투:
# 1960년대 북한의 도발

## 1950년대에서 1960년대 초반까지 도발사건

정전 직후에는 3년간의 전쟁을 겪었던 남북한은 전방에서도 충돌과 교전을 회피하려고 했다. 남측에서는 휴전선 일대에 취약지점의 경우에는 3중의 철조망을 쳤지만 대개 한 줄의 철조망을 사용하여 남방한계선을 표현하였다. 당시 전방은 정규전에 대비하기 위한 거점방어였던 까닭에 방어 정면이 넓어서 경계 밀도가 희박했다. 1960년대 중반까지 휴전선 일대에도 아군 전방 감시초소(OP)가 약 1킬로미터 정도 사이를 두고 높은 봉우리에만 있어서 낮은 계곡 사이로 야간에 3~4명씩 침투하는 공비를 색출하기란 매우 어려웠다.

북한 측은 정전협정이 효력을 발생한 지 20분 만에 남측이 총포사격을 도발했다고 주장했다. 그들은 1953년 7월 29일 군사정전위원회 제2차 회의에서 협정 체결일 당일 22시 어은산 서남 약 3킬로미터에 있는 890.2고지에 3발의 기관총탄 발사와 28일 0시 30분경 유엔군 측 포병대의 1089.6고지 동편에 1발의 발사 등 5차례의 위반 사실을 항의했다. 이에 대해 유엔군 측은 1953년 8월 13일 군사정전위원회 제11차 회의에서 그동안의 조사결과 7월 27일 21시 45분 이후에는 당해 구역 내에서는 어떠한 발포도 없었다고 공산 측의 주장을 부정했다.

비무장지대 녹슨 경의선 철로 옆으로 남방한계선을 표시한
흰 테이프가 가르지고 있다(『동화그라프』, 1966년 8월)

1953년 8월 8일 군사정전위원회 제9차 회의에서 공산 측은 유엔군 군용비행기가 12건의 협정을 위반했다고 주장했으나, 유엔군 측은 군용기 1대가 위반한 사실을 인정하고 나머지는 부인했다. 유엔군 측은 1953년 8월 13일 제11차 정전위원회에서 비무장지대 지뢰작업을 하면서 M1소총 2정을 소지한 점을 인정하고 유감을 표했다.

공산 측도 1953년 8월 6일 중공군 2명을 포함한 7명이 통신선 제거를 이유로 중앙군사분계선 남방 600미터까지 내려온 사실에 대해 유엔군 측이 항의를 하자, 이에 유감을 나타냈다. 이후 11월 16일 권총으로 무장한 북한 장교 1명이 동장리 군사분계선을 넘어 포로관리를 담당한 인도군 부대에 출입한 사실에 대해서도 이를 인정하고 관계자를 처벌했음을 알려왔다.

1953년 7월 27일부터 1954년 12월말까지 유엔군 측은 북한 측이 지상에서 13건, 공중에서 45건을 위반했다고 항의했다. 그들은 유엔군 측이 지상에서 31건, 공중 387건을 위반했다고 반박했다. 그러나 이후론 유엔군 측이 1980년까지 공중위반 79건, 중앙 군사분계선 횡단 11건, 영해 침범 3건 등 98건을 시인했으나, 공산 측은 초기 2건 외에 시인한 적이 없었다.

1954년 4월 4일 공동감시소조회의에서 3일 공산 측은, 자동소총으로 무장한 5명이 비무장지대 북한 측 지역에 위장 침투하여 그들의 공격으로 1명이 사살되고 1명은 체포되었으며 3명은 도주했다고 주장했다. 아군 측에서도 1955년 5월 7일 북한군이 비무장지대 덕산리 부근 국군 초소를 습격하여 아군 6명이 전사했다고 항의했다. 6월 2일에도 북한군이 계호동 부근에서 국군 초소를 습격하여 경계병 1명이 전사하는 사건에 대해서 공산 측은 한국군이 북한지역을 침범했다고 역선전했다.

1961년 8월 25일 21시에 군사분계선을 200미터까지 넘어온 무장한 북한군이 우리 군 초소에 수류탄을 투척하고 도주했다. 이 사건으로 아군 1명이 전사하고, 4명이 중경상을 당했다. 이어 1962년 7월 14일에는 중부전선 중앙 군사분계선 제0569호 부근에서 민정경찰 우자원 중위, 이금석 중사 등 4명이 북한군에 피랍되는 사건이 발생했다.

1963년 3월 19일 북한군 약 20명이 철원 북방 군사분계선을 넘어 아군지역을 침범했으나 40분간의 교전 끝에 격퇴되었다. 1963년 7월 29일 오전 5시 30분경에는 북한군이 중앙 군사분계선을 넘어 순찰 중인 미군 병사를 기관총과 수류탄으로 공격하여 2명이 전사하고 1명이 중상을 당하는 일이 발생했다. 이해 7월 29일 지프차를 탄 아군 민사경찰 3명이 비무장지대 남방한계선 남쪽 10미터 지점에서 매복습격을 당했는데, 그 결과 2명이 살해되고 1명은 중상을 입었다.

한편 정전협정 제5항은 한강 하구 쌍방의 강변 거주민들이 필요로 하는 민간선박의 자유통행권 또는 무해통해권(right of innocent passage)을 허용했으나, 정전 이후 민간선박이 들고난 일은 없었다.

1954년 7월 4일 북한군은 한강 하구 비무장지대를 보트를 타고 순시하던 유엔군사령부 요원에게 발사했다. 같은 달 7일에도 북한 경비병 2명이 합법적으로 순찰 중인 한강수역 민정경찰대 소속 순찰정 민사행정경찰에게 다발총으로 25발을 발사했다. 같은 해 7월 7일 한강 하구를 순찰 중이던 유엔군 측 민정경찰대 선박(미 제1해병사단)이 굴도 약 3킬로미터 북방 한강 하구에서 때마침 간조로 정지된 약 30분 후인 14시 30분경 북한 민정경찰대원 2명이 출현하자 따발총 25발을 발사했다. 순찰대원은 20시 30분경 다시 만조가 되자 인원과 선박피해는 귀대하였다. 이 사건에 대해 공동감시소조가 판문점에서 유엔군 측 증인으로부터 증언청취를 받고 현장 조사활동이 있었다. 그러나 북한 측이 민정경찰이 아니라고 발뺌하는 등 부인으로 일관하자 유엔군 측은 유사한 사건의 재발 시 강력한 조치를 강구할 것이라고 통보했다.

1962년 10월 24일 민정경찰 경비선이 정체불명의 물체를 조사하기 위해 한강 하구 해역을 운항하던 중 북한 측으로부터 사격을 받았다. 11월 7일 아군 민정경찰 경비선이 한강 하구 내에 일상적인 순찰업무를 수행할 때 북한 측이 30여 발의 기관총 사격을 가해왔는데, 이에 북한 측은 해역을 침범한 정찰활동이었다고 주장했다.

북한 측은 1961년 4월 11일 제139차 군사정전위원회에서 1961년 4월 6일 한강 하구 북한 측 통제수역에 무장선박을 침입시켜 경비초소를 공격했고, 1962년 9월 27일에도 유엔군 측 F-86 군용비행기 2대가 한강 하구를 넘어 자신들의 여니산 상공을 침범하는 등 남측의 위반행위에 대한 항의를 계속했다.


# 베트남 파병 이후 1960년대 말 시기

1962년 10월 북한 최고인민회의 제3기 제1차 회의에서 김일성은 "당과 공화국 정부는 시종일관 조선문제의 평화적 해결을 위하여 노력하고 있습니다. 우리에게는 남진할 의도가 없으며 무력으로 조선의 통일문제를 해결할 의사가 없습니다."고 말했다. 하지만 국군의 베트남 파병 후 중국과 소련의 사주가 아니라 김일성에 의한 도발이 크게 늘어났다. 김일성은 마치 6·25전쟁 전 10차에 걸쳐 유격대를 침투시키듯 남파시켰다.

1960년대 중반 미군 측에서는 국군의 베트남 파병이 북한 남침

가능성과 관련이 없을 것이라고 생각했지만, 한국군의 베트남 파병은 한반도를 베트남전쟁의 '제2전선'으로 연결시킴으로써 한반도의 긴장을 격화시키는 결과를 초래했다. 즉 북한은 한국군의 베트남 참전과 동시에 베트남에 대한 측면 지원, 한반도의 '제2베트남화' 등을 목적으로 대남공작을 강화했다. 북한 측은 국군의 베트남 파병에 맞서 물자지원의 확대와 함께 북한 조종사 50명과 고문 300명 등을 파병했다.

찰스 본스틸(Charles H. Bonesteel III) 전 주한 미 제8군 사령관은 북한이 이미 1964년 말부터 반(反)남한작전을 본격적으로 준비했다고 회고했다. 그는 북한 측이 민족해방전쟁론과 게릴라전을 내세워 행정구역을 남한과 같이 9개 도로 개편하고 각 도에 약 500명 단위의 대원을 양성했다고 파악했다. 전후 복구에 주력하던 1950년대를 지나 전군의 간부화, 전 인민의 무장화, 전 지역의 요새화, 장비의 현대화 등 4대 군사노선을 채택한 후인 1960년대 초반부터 북한의 도발은 본격화되었고, 이에 맞서 국군도 적극적으로 보복하려고 하였다.

1953년부터 1961년까지 북한의 경제력은 전후 복구와 경제계획의 성과에 힘입어 남한 1인당 국민소득이 78달러일 때 120달러 수준으로 남한보다 앞섰다. 이러한 성과에 자신감을 얻은 김일성은 1960년 8월 15일 '남북연방제' 실시를 제안했다.

국제적으로도 북한이 독자적인 행보를 할 수 있는 여건이 마련되었다. 당시 북한은 1955년 주체사상의 도입하여 자주를 내세우고 친공계 연안파의 숙청 등으로 중국과 갈등이 있었다. 1956년 8월 조선로동당 중앙위원회 전체회의에서 연안파와 친소파가 김일성의 우상화와 경제정책을 비난하고 상업상 윤공흠과 서휘 등이 중국으로 도망치는 사건이 발생했다. 김일성은 1957년 11월 마오쩌둥을 만났을 때 반역자를 넘겨줄 것을 요구했으나 거부당했다. 이어 중공군 철군으로 독자노선을 강화했다. 더욱이 1966년부터 시작된 중국의 문화혁명으로 북중관계는 소원해져 갔다. 1965년부터 1969년까지 양국 간에 고위급의 방문도 없었고 1968년에는 한동안 국경이 폐쇄되기도 했다. 군사정전위원회에서도 1971년 7월까지 중공군 대표를 철수시켜 중국이 북한을 견제할 수 있는 능력이 약해졌고, 북한은 제3세계에서 지위가 향상되어 외교관계 수립도 크게 늘어났다.

1960년대에는 〈표 3〉에서 나타나는 것처럼 국내외적 정세로 비무장지대를 비롯해 청와대습격사건, 울진삼척지구 침투 등 북한의 도발이 격화되어 비록 선전포고 없는 전쟁(undeclared war)으로 '조용한 전쟁'이라고도 불렸지만, 소전쟁 혹은 제2한국전쟁(the second Korean war)으로 불렸다. 1968년에는 236건의 총격전이 있었던 점에 비추어 비무장지대전쟁(DMZ War) 등으로 불렸다. 가장 심각했던

|  |  | 1965 | 1966 | 1967 | 1968 | 1969 |
|---|---|---|---|---|---|---|
| 위반<br>사건 | 비무장지대 | 42 | 37 | 445 | 542 | 41 |
|  | 남한지역 | 17 | 13 | 121 | 219 | 5 |
| 총격<br>사건 | 비무장지대 | 23 | 19 | 122 | 236 | 15 |
|  | 남한지역 | 6 | 11 | 96 | 120 | 1 |

〈표 3〉 1965~69년 주요 위반사건

1968년의 경우 북한 무장공비 321명이 죽었고, 아군도 162명이 전사했으며 경찰과 민간인도 35명이 사망했다. 그러나 게릴라들은 일시적인 혼란 이외에 어떠한 것도 얻을 수가 없었다.

이 시기의 도발을 좀 더 자세히 살펴보면 1963년 7월 29일 05시 40분경 군사분계선 남방 100미터 지점에 북한군이 잠복하고 있다가 미군을 습격하여 이 사건으로 미군 2명이 사망하고 1명이 부상을 입었다. 이처럼 국군의 베트남 파병 이전에도 군사분계선에서 도발이 계속되었지만, 1965년 8월 13일 국회에서 파병 동의안이 통과된 후 국군의 베트남 파병과 함께 위반이 증가했다.

북한은 국군 파병을 방해하기 위해 1965년 9월 27일 경북 영양·안동에 무장공비를 침투시켰고, 10월 15일에는 동부전선에서 군사분계선을 넘어 아군부대를 습격했다. 1966년부터 무장병력을 침투시켜 치안을 교란하고 파괴와 전복을 기도하는 공세적인 대남전략을 추진했다. 1966년 10월 13일부터 강원도 양구에서 11월 2일까지

22일간 휴전선 일대에서 총 17건의 총격사건이 잇달아 발생했다. 그 결과 사망 26명, 부상 19명, 피랍 1명 등의 피해를 입었다. 북한군의 매복공격이 이어져서 1966년 10월 15일 급수임무를 수행하던 아군 병사들이 북한의 순찰대에 의해 2명이 살해되고 1명이 부상을 입었다. 21일 식사를 운반하던 트럭 1대가 북한의 무장인원들로부터 매복 습격을 당해 사병 6명이 살해되고, 3명이 부상을 입었다.

심지어 북한 측은 1966년 10월 31일 린든 존슨(Lyndon B. Johnson) 미 대통령이 한국을 방문할 때 긴장을 조성하기 위해 방한 사흘째인 11월 2일 비무장지대 1마일 남방에서 순찰을 돌던 미 제2사단 소속 8명에게 총격을 가해 제임스 헨슬레이(James Hensley) 하사, 조니 벤턴(Johnny W. Benton) 일병 등 6명과 카투사 1명이 살해되었다. 이때 희생된 어니스트 레이놀드(Ernest D. Reynold) 이등병

정전 후 주한미군 가운데 비무장지대 피살, 항공기 피격 등으로 희생된 미군은 모두 90명이 넘는다(미군 희생자 명비, 용산 미 제8군 영내: http://www.usfk.mil/usfk/postkoreanwarhistory.postwar.north.korean.hostile.actions)

은 20세 청년으로 한국에 배치된 지 17일밖에 되지 않았다. 미군 측은 이 사건을 제2의 한국전(the second Korean conflict)의 개시라고 평가했다.

1967년 2월 3일 북한군이 군사분계선 표지 제0727호 부근을 넘어 유엔군 측 초소에 수류탄을 투척했다. 4월 5일에는 북한군 3명이 군사분계선 표지 0199호를 침투하여 아군과 약 50분간 교전 끝에 모두 사살되었다. 12일 23시경 북한군 60여 명이 군사분계선 0824호 남쪽으로 침범해 아군을 공격하여 이튿날 05시까지 총격전이 계속되었다. 북한군 4명이 사살되고 아군 1명이 전사했다. 이때 제7보병사단 예하 3개 포병대대가 HE탄과 조명탄을 발사해 '휴전 후 최초의 포병사격'을 실시했다. 8월 27일 오전 12시 30분경 북한 무장병이 군사분계선 남쪽 국군 초소를 습격해 6명이 죽고 26명이 부상을 당했다.

1968년 4월 3일 동부 및 중부전선 수개 지역에서 북한군이 비무장지대 한국군 진지에 82밀리 박격포탄 28발을 발사하여 아군과 교전으로 북한군 9명이 사살되고, 아군도 3명의 전사자와 1명의 부상자가 발생했다. 4월 20일부터 30일까지 비무장지대 남쪽에서 8건의 북한군 습격사건이 있었다. 1968년 9월 한 달 동안 군사분계선 남쪽에서 55건의 총격전으로 북한 공비 42명이 사살되었고, 10월에는 군사분계선 남쪽에서 41회에 걸친 교전으로 29명이 사살되었다. 11월과 12월에는 72건의 도발이 발생하여 이 가운데 23건은 총격전으로 이어져 14명이 사살되었다.

북한군은 미군에게도 계속 많은 공격을 가했다. 1967년 5월 22일 서부전선의 미군 막사를 폭파시켜 미군 2명이 사망하고 19명이 중상을 입었다. 8월 10일에는 판문점 남쪽 대성동 '자유의 마을' 앞에서 야간에 매복해 있다가 미군을 습격해 미군 3명이 전사하고 17명이 부상당하는 일이 발생했으며, 같은 달 28일에는 판문점 지원부대인 미 제76공병대가 북한의 기습을 받아 3명이 전사하고 25명이 부상을 입었다. 1968년 4월 14일 23시 10분경 판문점 남방 대성동 입구에서 경비병 교대를 위한 미군 차량 1대가 도로 양측에 매복한 북한군으로부터 수류탄 및 총격을 받아 미군 2명, 카투사 2명이 죽고 미군 2명이 부상을 입었다. 또한 1968년 7월 비무장지대에서 6명이 북한군 공격을 받아 미군 3명과 카투사 1명이 부상을 당했다. 이때 사망한 필라델피아 출신 마이클 리마크척(Michael "Riggs" Rymarczuk)은 고향의 딸과 부인을 만나기 바로 며칠 전이었다. 1967년 한 해 동안 미군 16명이 전사하고 63명이 부상을 당했으며, 이듬해에는 11명이 죽고 54명이 부상을 입었다.

당시 군사분계선 경비를 섰던 미군들은 그 임무가 매우 심각한 것

("It was real serious")이라고 회고했다. 1968~69년 미 제2사단 군의관으로 복무했던 코스그로브(Cosgrove)는 비무장지대 총격전이 열전으로 바뀔 위험이 있었다고 기억했다. 야간의 매복전이 낮에 보복전으로 되갚을 것 같은 상황이었다고 했다.

그러나 북한 측은 1966년 10월 이후 한 해 동안 군사분계선 일대에서 남한 측이 "도발적으로 쏴댄 총포탄 수만도 그들이 정전 후 1966년까지의 13년 동안에 우리 측에 쏴댄 총포탄 수의 다섯 곱을 훨씬 넘는다. 이는 미국이 전쟁준비 단계로부터 전쟁을 직접 도발하려는 단계로 넘어가려는 것"이라고 선전했다. 이어서 1968년 한 해 동안만 해도 군사분계선 일대에서 남측이 2,000여 차례에 걸쳐 무장공격을 하였으며 숱한 간첩들을 침투시켰다고 주장했다.


## 청와대를 목표로 한 1·21사태

1968년 김일성은 북한 창건 스무 돌을 맞이하여, "현 시대는 혁명의 시대, 투쟁의 시대이며 제국주의가 멸망하여 가는 시대"라고 하면서 전반적 정세가 혁명에 유리하게 발전하고 있다고 진단했다. 그는 "우리의 조국해방전쟁 경험과 오늘 베트남 인민의 투쟁경험은 정규전과 유격전을 옳게 배합하는 것이 강대한 적과의 싸움에서 승리를 이룩할 수 있는 중요한 담보로 된다는 것을 보여주고 있다."고 강조하면서, 실제로 1968년 1월 21일 북한군 제124부대의 김신조 외 30명으로 하여금 청와대를 기습하도록 했다.

박정희 대통령은 1967년 이후 한층 강화된 북한의 대남침투도발에 대비하기 위해 1968년 1월 6일 원주 제1군사령부에서 비상치안회의를 개최했다. 그런데도 이를 비웃듯 북한의 무장병력이 침투되었고, 1·21사태 후 1월 30일 대간첩대책기구의 조직과 기능에 관한 규정을 제정하여 '대간첩작전본부'가 창설되기에 이르렀다.

1968년 1월 18일 02시경 북한군 제124군 부대 소속 김신조를 비롯해 31명이 청와대를 습격하고 대통령을 암살하려는 목적으로 미 제2보병사단 지역 석포 부근에 쳐놓은 철책선을 가위로 절단하고 침투하여 일부는 서울까지 진출했다. 당시 휴전선은 미군 경비지역에만 철책이 설치되고, 한국군 지역에는 목책이었다. 다행히 그들과 조우한 나무꾼이 1월 19일 21시 파주경찰서 천현지서에 신고했고, 같은 날 23시 45분에 제25보병사단도 상황을 접수했다. 그러나 그들은 아군의 예상보다 훨씬 빠른 속도로 이동해 4일 후인 21일 서울 승가사에 도착하여 숙영했으며, 22시 10분에 청운동에서 교전이 발생하여 5명이 사살되었다. 22일 03시에 인왕산에서 교전 끝에 일부는 추가로 사살되고 김신조는 생포되었으며 나머지는 인왕산, 파평산, 도봉산 일대로 도주했다. 당시 우리 정보당국은 북한이 1967년에 제124군을 창설했음을 파악했으나, 이들의 동향에 대한 적절한 대응책이 미흡했다.

소탕작전 결과 1명을 생포하고 28명을 사살했으나 2명은 끝내 도주했다. 도주자 중 박재경은 한때 북한 군부 내 최고 실세 중 한 사람으로 조선인민군 총정치국 선전담당 부총국장으로 추정되었다. 그는 2000년 9월 11일 김정일 국방위원장 특사 자격으로 남한을 방문한 김용순 노동당 비서를 수행해 송이버섯을 전달하고 돌아갔던 인물이었다. 작전 중 아군도 34명이 사망했고, 51명이 부상을 입는 등 큰 피해를 입었다.

당시 국민은 호시탐탐 남침의 기회만을 노리고 전쟁준비에 광분해 온 북괴의 불장난으로 크게 분노했다.

같은 해 1월 29일부터 서울 시내 광신고등학교, 경희중·고등학교 등 9개교 1만여 명이 북한의 도발을 규탄했다. 31일에는 동대문 운동장에서 20만 명의 서울 시민이 모여 '북괴만행규탄 범시민 궐기대회'를 열어 반공의지를 다졌다. 이 사건으로 인해 2010년 2월 27일까지 약 41년간 '김신조 루트'로 불리던 경기도 양주시와 서울 우이동까지 북한산 자락을 잇는 우이령길 6.8킬로미터 일대는 민간인 출

남한 야외음악당에서 열린 대한노총 주최 규탄대회와
'김일성 괴뢰두목 화형식' 장면(『동화그라프』, 1969년 3월)

입 통제구역으로 지정되었다.

1968년 10월 30일부터 11월 2일까지 북한 제124군 무장공비
120명이 울진·삼척에 침투했다. 이들은 청와대를 기습하려 했던 북
한 민족보위성 정찰국 예하 제124군 소속이었다. 이때 아홉 살 이승
복 어린이를 비롯해 30명의 민간인과 군경 52명이 희생되었다. 이
러한 연이은 북한의 도발에 한국과 미국 정부는 그들의 이후 행보에
대해 크게 우려했다.

1969년 한·미 포커스-레티나 훈련이 시작되자 그해 3월 15일부
터 6월 25일까지 거의 매일같이 비무장지대에서 총격 도발이 일어

났다. 특히 3월 26일에는 동부전선 비무장지대에서 북한군이 아군 초소에 기관총 800여 발과 자동화기 수십 발을 난사했다. 이에 대해 유엔군 측은 제287차 군사정전위원회에서 북한 측에 항의했다.

아군 측에서도 북한군의 공세에 맞서 특수부대를 보내 북한군 시설을 파괴시켰다. 특히 청와대 습격사건 이후 북한군의 사기를 제압하기 위해 1968년 10월 중동부 전선 비무장지대에서는 하루 종일 남·북한군이 치열하게 교전을 벌였다. '편의대'로 불리는 이들은 남쪽에서 파견한 특수공작대원들로서, 이들은 북방한계선 너머 한 인민군 내무반 막사에 폭약을 설치해 파괴하고 귀환하다가 북한군에

**한강 하구로 침투했던 공산 측 잠수함 '김일성호'**(1965년 7월 4일)

발각되었다. 동틀 무렵 시작된 교전은 온종일 계속되다가 해질 무렵에야 잦아들었다.

한편 한강수역에서도 충돌이 계속되었다. 1964년 4월 20일 한강 하구에서 정체불명의 물체를 조사하던 유엔군 한강 하구 순찰선에 대해 북한 측의 발포가 있었고, 1969년 8월 17일에도 유엔군 군용기가 한강 하구의 북한 측 경계선을 침범한 후 피격되는 사건이 발생했다.

1965년 10월 29일 14시 말도 어민 249명이 건너편 함박도에서 동북방 6킬로미터 지점에 위치한 무인도 은전도에서 대합을 잡다가 어민 140명은 죽을 힘을 다해 말도 쪽으로 건너왔지만 나머지 109명은 인민군들에게 끌려가는 사건이 일어났다.


## 해상도발

정전협정에 해상분계선 설정에 대한 조항이 명시되지 않았지만, 1953년 8월 30일 유엔군사령관은 남북한 무력충돌을 예방하기 위해 북방한계선을 설정했다.

서북해역에는 짙은 해무(海霧)가 자주 발생하는 지역으로 북방한계선에 대한 우리 어선의 월선은 물론 북한어선의 침범 사례가 발생한다. 더욱이 북방한계선 부근에 황금어장이 형성되면서 서해에서는 조기잡이, 꽃게잡이, 동해안에서는 명태, 대구잡이 시기를 전후해 월선·침범 등의 문제가 자주 발생했다. 서해에서 조기잡이는 1962년경부터 연평도에서 사라지고, 점차 어장이 흑산도, 추자도 근해에 형성되었다.

북한 함정은 서해 5도의 접속수역 내에서 일련의 도발적 해상활동을 하기 시작했다. 북방한계선을 둘러싼 분쟁은 서해뿐만 아니라 동해에서도 일어났다. 1968년 미군 정보수집함인 푸에블로호 피랍사건, 1969년에는 31명 탑승원 전원이 사망한 미군 정찰기 EC-121 격추사건이 동해의 북한 영해 부근에서 발생했다. 1970년대에 들어서서 국제적으로 영해 영역이 12해리가 일반화되면서 중간 수역에 해당하는 소청도와 연평도 사이에서 점차 분쟁이 늘게 되었다.

1970년대 초까지 북한의 북방한계선에 해상 도발은 제한적이었지만 침투로 개척, 무장간첩선 침투, 해상포격 등이 많았다. 정전후 북한 해군은 해안포를 설치하고 소형함정과 잠수함을 증강했다. 1960년대에 이르러 해상침투용으로 40척 이상의 쾌속 무장선박을 보유했다. 이에 비해 아군 해군이 취약해 일반 선박은 물론, 함정도 육지 연안 쪽으로 다녀야 했다.

우리 해군은 미 제95기동함대 사령관으로부터 작전 지휘권을 인수해 1954년 9월 남해, 1955년 1월 동해, 3월 서해 순으로 전 해역을 독자적으로 방어했다. 해군이 어로보호작전을 시작한 것은 1957년 9월 20일 해무청장(海務廳長)이 연평도 근해 어로보호를 국방부장관에게 의뢰하면서부터이다. 한국 근처에 배치된 미 해군부대는 태평양지구사령관 아래 함대사령관의 통제를 받고, 유엔군사령관의 권한 밖에 있었다. 우리 해군은 접적해역(接敵海域)에서 우발적인 충돌을 방지하기 위해 북한의 경비정과 어선 동향을 대비하면서 어로한계선을 넘지 않도록 조업어선 통제, 불법 중국어선을 단속하는 해경정에 대한 지원, 경비전력의 한계선 근접기동 자제 등 업무를 수행했다.

1953년부터 1999년까지 유엔군 측이 공산 측에 항의한 주요 해상 위반사건 108건에 이르렀다. 이 가운데 1960년대까지 1954년 1건, 1957년 1건, 1958년 3건(어선 납북 2건), 1960년 6건, 1967년 8건, 1969년 16건 등이 발생했다.

주요 사건을 구체적으로 서술하면 다음과 같다. 1955년 5월 10일 16시 30분에서 17시 30분 사이 연평도 근해에서 북한 경비정이 조기잡이 어선에 포격을 가했다. 그 결과 우리 측 선박 5척이 침몰되어 선원 6명이 사망하고 9명이 부상을 입었으며 15명이 행방불명되었다. 유엔군 측은 1955년 6월 14일 제59차 회의에서 평화적인 해역, 즉 공해에서 어로사업에 종사하고 있는 어부를 살해하고 격침시켰다고 항의했다. 이에 북한 측은 어선이 아닌 '무장선단'이 영해를 침범한 데 대한 정당한 자위조치라고 맞섰다.

북한 경비정의 침범으로 교전이 발생하기도 했다. 1959년 8월 18일 11시 40분 서해 북방한계선을 경비 중이던 거문함(LSM-606)은 안개가 걷히자 우리 영해 내에서 북한 경비정을 발견하고 전투배치와 동시에 추격을 개시했다. 11시 52분 거문함이 북한 경비정에 접근하자 북한 경비정은 3인치포 사격을 가하기 시작하여 약 20분간 상호 맹렬한 포격전이 전개되었고, 갑판에 화염이 휩싸인 채 도주했다. 이에 대해 9월 18일 제108차 군사정전위원회에서 북한 측은 남한 제606함이 기린도 연해에 침입하여 포탄을 발사하고 도주했다며 위반자들의 처벌을 요구했다.

1960년 5월 4일 북한 해군 어뢰정 3척이 북방한계선 남방 20해리 해상 북위 38도 30분 동경 128도 41분 40초 지점에서 월선 침범해 40밀리 기관포와 어뢰를 발사하여 교전이 일어났다. 1960년 7월 22일에는 북한 함정 1척이 백령도-인천을 오가는 정기순항 선박에 기관총 사격과 포격을 가했다. 이에 대해 북한 측은 무장선이 자신들의 연해인 비엽도 서북방 약 1해리 해상까지 침입해 북한 경비정에 포사격을 감행했으므로 이에 부득이 자위적 조치를 취했다고 강변했다. 이에 대해 유엔군 측은 그들이 주장하는 무장선은 백령도에 식량과 보급품을 정기적으로 운반하는 용역용 선박 'LCU 1106호'이라고 반박하고, 이는 사실을 왜곡한 완전한 허위날조라고 항의했다.

1962년 12월 23일에는 연평도 부근에서 일상적인 순찰임무를 수행 중이던 해군 초계정 1척이 북한 고속정 2척으로부터 기습공격을 받아 40분 이상 쌍방 간의 교전이 계속되어 아군 3명이 전사하고 3명이 부상을 당했다. 이에 대해 북한 측은 남한 '해적선' 1척이 무도에서 1해리 떨어진 해상에 침투한 것이라고 주장했다. 이에 대해 유엔군 측은 어떠한 도발도 하지 않았는데, 북한 측이 공격한 것이라며 그들의 주장이 진실을 왜곡한 것이라고 비난했다. 그 근거로 유엔군 측은 초계정이 피격을 받은 위치가 북위 37도 40분 45초, 동경 125도 31분 00초 부근이라고 했으나, 북한 측은 북위 37도 43분, 동경 125도 35분이라고 주장했다.

동해상의 침범 사례를 보면 1961년 4월 7일 제진(구 저진) 동방 4해리 해상에서 경비 중이던 묘향산함(PC-706)이 기함인 한산함(PCEC-53)과 함께 북방경계선을 불법으로 침범하여 남하한 북한 경비함정 2척과 어뢰정 6척을 격퇴시켰다. 이때 봉수리 부근의 해안포도 사격을 가해 왔다. 같은 달 12일 02시 동해 어로저지선 상을 경비하던 강원함(DE-72)은 거진 동북방 3.5해리 해상에 이르렀을 때 어로경비선을 불법으로 침범하는 의아선박 6척을 레이더로 포착했다. 이 선박들을 북한 어뢰정(PT)으로 판단한 강원함은 이들을 추격하던 중 북한 어뢰정 편대가 어뢰공격을 할 수 있는 위치에 이르자 즉시 포화를 집중하여 격퇴시켰다.

한편 북한 측은 휴전 후 1955년 남한 측이 해상에서 396회, 1961년에는 137회, 1964년 98회, 1965~67년까지도 80여 차례의 위반행위를 했다고 주장했다. 이렇게 1955년에 갑자기 위반 건수가 크게 늘어난 것은 그들이 선포한 12해리 영해에 근거했기 때문인 것으로 보인다. 북한 측은 1961년 4월 11일 제139차 군사정전위원회 회의에서 정전 이후 이 시기까지 주요한 사건으로 131건의 해상도발 사건을 일으켰고, 1968년 3월초까지 해상 함선 침범사건이 947건이라고 주장했다. 그 내용은 해군 함정의 영해침범, 무장선박이 어선으로 가장해 연안 도서를 근거로 첩보활동을 하거나, 동·서해 연안 어민들이 어로기가 되면 어획고를 늘이기 위해 어로금지선을 넘어 작업 중 피포된 경우, 풍랑으로 인한 어선의 표류 등이었다.

『조선중앙년감』에 실린 북한 일지에는 1955년 5월 25일 북한 내무상의 성명 발표를 통해 20일, 21일 남한 무장선단이 해주 부근의 북한 측 영해를 침범했다고 되어 있다. 북한은 또한 1956년 5월 미국이 무장함선을 서해안 북한 측 영해에 출동시켰으며 비행대들을 영공에 빈번히 침입시켰다고 주장했다.

제169차 비서장회의에서 1958년 1월 26일 01시 55분경 북한 측은 무장선박 1척이 동해 연해에 깊숙이 침입하여 해상에서 어로 중인 어민들을 공격하여 어민 1명을 살해하고 1명을 부상시켰으며 4명을 납치해 갔다고 주장했다.

북한 측은 1961년에서 1967년 사이에 군사정전위원회에서, 북한 어선을 공격하는 남한 해군 함정, 북한해역을 침투하는 해군 선박과 무장 첩보선에 대해 여러 차례 불만을 표시했다. 1961년 4월 7일 공산 측은 남한 해군 구잠함 제706호가 군사분계선 동쪽 연장선을 넘어 북한 연안에 침입했다고 주장했다. 이에 유엔군 측은 군사분계선 동쪽 연장선 훨씬 남방에서 순찰 중인 아군 초계정에 대해 북한의 대형 무장함 2척이 공격했다고 반박했다. 이후 4월 20일에도 북한 어뢰정 6척이 월선했고, 6월 6일에도 선박 1척이 월선했는데, 이에 대해 공산 측은 남한 구잠함 제705호가 북한 연해에 침범했다고 주장했다.

북한 측은 1964년 5월 22일, 23일, 27일에 7차에 걸쳐 남한 호위함 제57호와 58호, 호위구축함 제73호가 서해의 북한 '연해'에 침입했다고 항의했다. 5월 28일, 6월 9일, 10일에는 호위함 제56호, 57호,

58호, 수송선 81호, 중급 상륙주정 68호 등이 자신들의 '연해'인 옹진반도, 등산곶 동쪽 해상을 침입했다고 주장했다.

1966년 5월 21일부터 23일까지 13차례 걸쳐 13척의 남한 해군함선이 그들의 연해에 불법 침입했다고 비난했다. 이는 "비무장지대와 상대방의 군사통제하에 있는 조선 육지에 인접한 해면을 존중할 것"을 규정한 협정 위반이라고 주장했다. 또한 1966년 10월 24일 남한 구잠함 707호가 군사분계선 연장선을 넘어 그들의 연해에 침범했다고 주장했다. 11월 3일 하루 동안 3차례 걸쳐 각종 해군 함선들이 연해를 침범했고, 11월 18일, 21일, 22일 등 3일간, 그리고 28일과 29일에도 침범했다고 주장했다. 또한 12월 3일부터 15일까지 13일간 58건이나 연해를 침범했으며 1967년 1월 1일부터 11일까지 9차례 남한 함선이 연해를 침범했다고 했다.

1971년 1월 6일 19시경에 남한의 무장간첩선들이 그들의 서해 연해인 장산반도 북쪽 남대천 하류에 깊이 침입했다고 주장했다. 자신들의 연해에서 정상적인 경비임무를 수행하고 있던 인민군 해군 초병들이 현장에서 '미제무장간첩선'들을 발견하자 즉시 정지할 것을 요구했으나, 간첩선이 총탄을 쏘아대면서 남쪽으로 도망치려 했고, 이에 즉시 자위적인 조치로 강력한 타격을 가하여 1척은 격침시키고, 다른 1척은 타격을 입혔다고 강변했다.

# 당포함 격침사건

1970년대 초까지 영해 침략 관련 주요 사건은 거진 근해 북한 경비정 격침작전, 당포함 격침, I-2정 피랍, 푸에블로호 피랍 등이다.

1960년 7월 30일 동해 거진 동방 4해리 해상에서 해군 호위구축함 강원함(DE-72)은 남하 중인 북한 해군 371함을 발견하고 5,000야드까지 추격했다. 이때 북한 측의 함포사격을 시작으로 상호교전이 발생해 북한 함정이 격침되었다. 그 결과 4명을 생포하고 11명을 사살했으나, 아군 측도 1명이 전사하고 8명이 부상을 입었다. 이에 대해 8월 3일 제124차 군사정전위원회 회의에서 북한 측은 강원함이 북한 경비정을 불법으로 포격하였다고 비난하면서 나포해 간 경비정 및 승무원의 송환과 관계자 처벌을 요구했다. 이에 대해 유엔군 측은 북한 경비정이 먼저 강원함에 발포함으로써 5분 후 자위 조치로 북한 경비정을 침몰시켰음을 설명했다. 생포된 4명은 치료 후 10월 초까지 판문점을 통해 모두 송환되었다.

1967년 1월 19일 해군 당포함(PCE-56)이 동해 북방한계선 인근에서 북한군 포격을 받아 침몰해 39명이 전사했다. 전사자 대부분은 함정이 침몰해서 사망한 것이 아니라 적의 공격에 의해 전사한 것이었다. 당포함은 240여 척의 어선 보호임무 중 13시 55분 북한 해안포대로부터 사전 경고 없이 기습공격을 받자 함포 170여 발을 사격하면서 퇴함 직전까지 우리 어선 한 척도 북한에 나포당하지 않게 방어하는 등 우리 선단의 방패 역할을 잘 수행하였다. 당포함 전몰장병 충혼탑은 우리 어민의 생명과 재산을 구하고 장렬히 전사한 39명 장병의 넋을 기리기 위해 1970년 1월 19일 건립되었다.

당포함은 미국 해군이 제2차 세계대전 당시 건조한 650톤급(만재) 경비함(PCE)으로 1961년 12월 대한민국 해군 전투함으로 인수하여 주로 해상경계와 어로보호작전 등을 수행했다. 1966년 12월 29일 노량함(PCE-51)과 임무를 교대하고 동해경비분대에 편입되어 NLL 근해에서 해상경비 임무를 수행했다. 북한 측은 1966년 11월부터 12월까지 2개월 동안 해상에서 129건 적대행위가 있었으며, 1967년 1월 14일, 17일, 18일에도 연해를 침범했다고 주장했다.

사건 당일 당포함은 승조원 79명이 승함하여 동해 접적해역에서 어로보호작전을 수행 중이었다. 동해 어민들은 한류성 어종을 잡기 위해 북쪽으로 이동하는 경우가 많아 간혹 북방한계선에 가까이 가는 아슬아슬한 상황이 초래되었다. 군사정전위원회에서 "이날 수많은 한국 어선들이 비무장지대의 대체적인 선보다 북쪽으로 빗나가 들어갔다."고 했다. 이때 북한 함정이 북방한계선 근해에서 조업하는 우리 어선을 납치하려고 하자 당포함은 이를 저지하기 위해 북한 경비정과 대치하면서 어선을 남하시키던 도중 북한 해안포에서 발사한 280여 발의 포탄을 맞고 14시 34분에 침몰되었다.

당시 북한 측은 1967년 1월 21일 제239차 군정위 회의에서 아군 경비함이 "영해를 불법 침입하여…… 갑자기 우리 측에 선제사격을 가하고 해안을 향해 수십 발의 함포사격을 퍼붓는 명백히 적대적인 행동을 저질렀다."고 비난했다. 이에 대해 유엔군 측은 "아무 경고도 없이 연안포대로부터 포격을 받았다."고 항의했고, 북한 측은 자신들의 연해에서 적대행위를 감행한 아군 함선에 대한 자위적 조치라고 강변했다. 당시 김승배 함장도 "그때 시간이 14시가 거의 다 되었던 것으로 기억되는데, 우리의 노력으로 10여 척을 제외한 어선들이 다 남하한 상황이었습니다. 그런데 나머지 어선들을 안전한 구역으로 이동시키기 위해 기동하던 순간, 북한의 해안포에서 일제히 사격을 실시하였습니다. 이에 우리도 즉각 대응사격을 실시하며 나머지 어선들이 피해를 당하지 않게 하기 위해 노력하였습니다."라고 기억했다. 해군 구축함 충무함(DD-91)은 북한 측 행위에 보복하고자 전속력으로 현장에 달려갔다.

북한에서는 그들의 연해를 깊숙이 침입했다고 주장했지만, 해군 경비함은 북한 해안에서 5.5해리 떨어진 곳에서 어선들을 지키고 있었고, 북한 해안 4해리 지점에서 침몰당했다. 따라서 당포함이 북한이 주장하는 12해리 영해 내에는 있었지만, 당시 국제법으로 인정되는 영해 3해리는 침범하지 않았음을 알 수 있다.


# 미 푸에블로호(the USS Pueblo) 나포사건

북한군이 강제로 미 해군 정보함을 피랍하여 한반도에 긴장을 야기했던 푸에블로호 사건 역시 북한의 영해를 침범하여 생긴 사건은 아니었다. 1968년 1월 23일 북한군에 나포되어 같은 해 12월 23일 석방된 이 사건은 미군 측이 공해상에서 첩보수집 정찰활동을 하다가 나포되었다고 주장한 반면, 북한 측은 여도로부터 7.6해리 지점(북위 39도 17분 4초, 동경 127도 46분 9초)으로 영해를 깊이 침범, 원산 앞바다까지 침입하여 정탐행위를 감행해서 인민군 해병이 나포한 것이라고 반박했다. 김일성도 "'푸에블로호' 사건과 관련하여 인민군 해병들이 자신들의 영해에 들어와 정탐행위를 하던 간첩선을 붙잡은 것은 응당하다며 지금이라도 당장 미 제국주의자들이 자기들의 침략행동에 대하여 사죄하면 푸에블로호 선원들을 돌려보낼 것이며 그렇지 않으면 사죄할 때까지 돌려보내지 않을 것"이라고 주장했다.

　이 사건은 북한이 청와대 기습에 실패하자 이에 대한 국제적인 비난을 피하기 위해 이틀 후에 푸에블로호를 납치한 것으로 보고 있다. 또한 당시 미군이 북한의 군사력을 무시하여 북한 영해(the territorial waters)에 대한 경계를 소홀히 한데서도 사건의 원인을 찾을 수 있을 것이다.

1968년 12월 23일 미 해군 승무원 인수 시 길버트 우드워드(Gilbert H. Woodward) 유엔군 측 수석대표가 북한이 제시한 영해 침범을 시인하는 사과문에 서명했다. 그러나 그는 승무원이 귀환하기 직전 기자회견을 통해 북한 문서에 대한 서명은 승무원 구출에 그 목적이 있을 뿐이라면서 푸에블로호가 북한 영해에 침범한 사실은 없다고 발표했다. 푸에블로호 항해 위치에서 나타나듯이 당시 영해의 범위인 3해리는 물론 아니고 1982년 12월 유엔해양법협약에서 비로소 채택된 12해리 밖인 공해였으므로 미국 해군의 함정이 항행할 수 있었다.

결과적으로 푸에블로호 사건은 북한 정부와 군에 자신감을 주었다. 김일성은 미군이 감히 덤벼들지 못하였으며 석 달이 지나도 대들지 못했다면서 자신들이 전쟁 때와는 비할 바 없이 강하다고 주장했다. "그때에는 우리에게 비행기도 적었고 비행사들도 잘 훈련되지 못하였습니다. 그러나 지금은 우리에게 모든 것이 다 준비되어 있습니다. 우리 인민군대는 처음 조직될 때보다는 질적으로나 량적으로 비할 바 없이 강화되었습니다. 그러므로 우리에게 두려울 것이란 아무 것도 없습니다. 동무들은 절대로 전쟁을 두려워하지 말아야 합니다."라고 자신감을 나타냈다. 1969년 4월 15일 미 해군 정찰기 'EC-121' 북한 영공을 침범했다는 이유로 북한군 공군기는 미사일을 발사하여 격추시켰다.

1970년 6월 5일 북한 해군은 연평도 서쪽 공해에서 20명이 타고 있는 해군 방송선 I-2정을 나포해갔다. 그들은 1970년 6월 9일, 제302차 군사정전위원회 회의에서 6월 5일 아침 안개가 긴 틈을 이용하여 '무장간첩선 I-2'를 황해남도 앞바다에 은밀히 침입시켜 정탐활동을 하며 정상적인 어로작업을 하고 있던 어선들을 납치하려고 획책했다고 비난했다. 북한 측은 북한 해안경비정이 현장에 이르렀을 때 "'I-2'는 북위 37도 42분, 동경 125도 26분의 해주 앞바다에까지 깊이 들어와 있었다. 인민군 경비정이 이에 접근하여 정지하라고 명령하였으나 도리어 I-2는 정지 대신에 그들의 경비정과 어선들에 총포탄을 쏘아댔다. 이에 대해 인민군 해병들은 대응사격으로 'I-2'를 격침시켰다."고 주장했다. 1970년 10월 23일, 군사정전위원회 제307차 회의에서도 그들은 조사결과 'I-2'는 120톤급의 방송선이 아니라 미군 '해군정보부 8296부대' 소속 180톤급의 전문적인 무장간첩선으로서 그들이 연해 깊이 침입하여 정탐과 적대행위를 수없이 감행했다고 주장했다.

이에 대해 아군 측은 피격 위치인 북위 37도 40분, 동경 125도 41분은 가장 가까운 육지에서 약 4해리의 거리에 해당하는 공해라고 주장했다. 또한 'I-2정'은 북한의 주장과는 거리가 먼 해군 방송선으로 해역 내 어선들의 활동을 감시하는 일상적인 임무를 수행하고 있었다고 반박했다. 즉 북한 측 함정들이 아무 경고도 없이 공해상에 있는 선박을 공격했다고 비난했다. 당시 피랍된 해군 승무원 20명은 아직도 돌아오지 못하고 있다.

한편, 북한 측의 영공 위반사항 가운데 대표적인 사건은 다음과 같다. 1955년 8월 17일 오성산 상공을 정찰하던 미군 항공기가 격추되었고, 1964년 1월 14일 군사분계선을 식별하지 못하고 비행 중이던 한국 공군 F-86기가 북한의 대공사격으로 격추되어 조종사가 사망하는 사건이 있었다. 1969년 4월 14일 북한 미그기 2대가 청진으로부터 70해리나 떨어진 동해 공해 상에서 첩보 수집을 하던 미 해군정보국 소속 EC-121첩보기를 공대공 미사일로 격추시켜 제임스 오버스트리트(James H. Overstreet) 소령을 비롯한 승무원 31명이 모두 사망하는 사건도 있었다.

# 5장
# 1970~80년대 북한의 도발

## 도발 양상

1970년대 들어 남북한 사이에 잠시 화해 분위기가 조성되는 듯했으나 북한은 정전협정과 비무장지대를 무력화하려는 의도를 노골적으로 드러냈다. 중립국감시단 스위스 대표는 이러한 사건이 남북한 사이에 즉각적이고 정말 위험한(real danger) 긴장의 원인이 된다고 지적했다. 1970년대 중반 이후 북한 측은 도발을 통해 미군 철수에 대한 미국의 의지를 시험해보려 했다. 1971년 미 제7보병사단이 철수하면서 한국군이 비무장지대 경비를 모두 인수했고, 판문점 지역 남쪽만 미군이 담당했다.

이 시기 김일성은 중국의 공산화가 6·25전쟁을 일으키는 중요한 계기가 되었듯이 베트남의 패망으로 한반도의 공산화 의욕이 다시 점화되었다. 김일성은 닉슨 대통령의 중국 방문에 대해 "승리자의 행진이 아니라 패배자의 행각이며 미 제국주의의 서산락일의 운명" 이라고 조롱했다.

이미 북한군은 4대 군사노선을 채택하여 지속적인 전력 증강을 실시한 결과 군사력의 우위를 확보했다. 여기에 주한미군의 부분 철수 주장으로 인해 이 시기 한국 정부는 전쟁 이후 최대 안보 위기로 판단했다. 1970년 임명된 정래혁 국방부장관은 당시 가장 긴급한 과제로 자주 국방력을 확보해야 한다고 주장했다.

정전 직후부터 군사분계선을 통한 침투를 막고자 비무장지대에서 자란 큰 잡목을 베어 경계 시설물로 목책을 세워뒀으나 그나마도 밑동이 썩어 누워 있는 경우가 많았다. 1967년경 제1군단 지역에는 목책선이나마 설치된 곳은 군단 지역뿐이고 나머지 지역은 그것조차 없었다. 이에 대한 대책으로 베트남 파병 시 미국의 대간첩 장비 제공 약속에 따라 1967년 중반부터 육로를 통한 북한의 무력도발을 막기 위해 전방지역의 목책이 설치되기 시작했다. 쇠고리 철망 및 휴전선 전역에 Y자형 쇠기둥을 일정한 간격으로 박고 그 사이를 전부 가시 철망을 엮었다. 잦은 간첩 침투에 대비하기 위해 철책선 밑에 2미터가량의 철주를 박기도 하였다.

여러 북한 도발의 억제 대비책 가운데 향토예비군 창설의 효과가 컸다. 또한 주한미군은 북한군 예상 침투로를 불모지로 만들고 침투 도발에 대비하기 위해 1968년 4월 15일~5월 30일, 1969년 5월 19일~7월 31일 두 차례에 걸쳐 약 5만 9,000갤런의 고엽제를 살포했다. 그래도 군사적 도발이 줄지 않고 계속되자 이후 1990년대 초에는 이중철조망을 설치했다.

비무장지대와 그 인근지역에서 북한의 총격사건은 계속되었지만 1960년대 말을 고비로 크게 줄어들었다. 1970년 9월 7일 오전 6시경부터 북한군 3개 GP에서 간첩침투를 지원하기 위해 임진강변 아군 제101여단 만우리 초소로 기관총 400여 발을 사격했다. 이해 10월 6일 철원 토교저수지 북방에서 북한군이 아군 제6보병사단 GP를 향해 중화기 200여 발을 사격하기도 했다.

1975년 8월에는 대성동 마을 부근 MDL 남방 50미터 지점에서 북한군 2명이 농부를 소총으로 위협해 강제로 납치했다. 1976년 2월 비무장지대 남쪽에 북한군이 화기진지를 구축했고, 1976년 4월 7일 13시경 중동부 전선 비무장지대 북방한계선 남쪽 250미터 지점까지 북한탱크 2대가 4시간 동안이나 침범했다. 1977년 5월 3일 6시 35분 육군 제20사단 60연대 병사 2명이 철책선의 이상 유무를 확인하기 위해 순찰 도중 북한군의 기습사격을 받아 1명이 전사하고 1명이 중상을 입었다. 1978년 10월에는 북한군이 제7보병사단 지역에 침투하여 GOP 철책을 강습 돌파한 후 돌아갔다.

그런데 북한 측은 남한 측에서 도발을 감행했다고 반박했다. 1971년에도 "군사분계선 일대에서 끊임없이 무장도발을 감행하고 무장간첩과 무장간첩선들을 침투시키며 더욱 빈번히 고공정찰기를 공화국 북반부의 영공에 침입시키는 등 무려 1만 2,130여 건에 이르렀다."고 주장했다. 그들의 주장에 의하면 남한 정부가 비상사태를 선포한 1971년 12월 6일 이후부터 1972년 2월말까지 약 3개월 동안 102차례에 걸쳐 1만 1,140여 발의 총포탄을 쏘아대는 도발행위를 감행했으며, 1972년 7월 4일 남북공동성명이 발표된 이후 그해 12월 말까지 그들이 항의한 것만 하여도 7,407건이라고 강조했다.

1980년 12월 15일 군사정전위원회 제404차 회의에서 조·중 측은 "우리는 남침할 의사가 전혀 없으며 더욱이 남쪽에 무장인원을 내 보낼 필요가 없다."고 주장했다. 그러나 1980년대에도 비무장지대에서 거의 매주 총격사건이 벌어지고 북한의 기습이 시도되었다.

1980년 3월 23일 우리 군은 한강 하구 남방 13킬로미터 지점에서 수중으로 침투하려는 북한 무장간첩 3명을 사살했다. 4월 3일 정전위원회 회의에서 유엔군 측은 한강 하구가 1965년 이래 무장침입자의 침투 및 탈출로로 이용되고 있다고 주장했다. 1983년 6월 19일에는 무장간첩 3명이 제1보병사단과 101여단 협조점 지역인 문산 임월교 지역으로 수중 침투한 적도 있었다.

1981년 4월 16일 북한군 제4사단 3개 GP에서 육군 제6보병사단 276GP로 기관총 1,000여 발을 사격하자 아군은 MG50 기관총 259발, M60 1,230발, 81밀리 박격포 3발 등으로 대응했다. 이듬해 4월 21일 2시 28분 강원도 화천 육군 제7보병사단 지역에서 북한군 제46사단 112·114GP에서 아군 GP에 총격을 발사하자 4시간 30분간 교전이 있었다. 계속된 총격도발 가운데 1984년 10월 7일 북한군 제5사단 510GP에서 아군 제5보병사단 530GP에 소화기 5발을 사격했으나, 오발로 추정하고 대응하지 않는 경우처럼 경고방송을 실시한 후 항의문을 발송하는 조치를 취하는 경우도 많았다.


## 표지판 및 한강 하구사건

38선을 사이에 두고 6·25전쟁 전부터 있어 왔던 경계선 표지판 분쟁이 정전 이후에도 계속되었다. 군사분계선은 임진강 북쪽 연안에서 시작하는 표지번호 0001로부터 동해안의 표시번호 1292까지로

되어 있다. 군사분계선이 강 가운데를 통과하는 임진강, 금성강, 북한강의 표지는 양 제방 위에 엇갈려 교대로 설치되었다. 유엔군 측은 비무장지대의 남방경계선을 표식하기 위해 "두 줄기로 된 철조망으로 말뚝과 말뚝 사이를 연결하여 높이 약 2미터의 말뚝을 약 300미터 간격으로 설치하겠다."고 통보했고, 공동감시소조의 감시 아래 설치하였다.

240킬로미터나 되는 비무장지대 안에는 빛바랜 노란색 철제 표지판이 설치되어 있다. 이 푯말들은 비무장지대의 중심부를 나타내기 위해 1953년 7월 정전협정 후 세워진 것들이었다. 그러나 세월이 지나면서 표지판의 글자들이 지워지기도 하고, 수풀이 우거져 경고판을 가리기도 하고 녹슬어 부서지는 경우까지 발생했다. 유엔군 측이 표지판 정비작업을 시도했으나 매복 중이던 북한군의 사격으로 사상자가 발생하는 바람에 계획이 취소되는 등 작업이 크게 진척되지 않았다.

1973년 3월 7일 13시 21분경 제3보병사단 민정경찰 요원들이 표지 제0654호의 교체작업 중 북한 측 GP560에서 총격으로 황정복 대위가 사망하고, 김윤옥 중사가 중상을 입었으며, 이들을 구조하여 후송하던 서휘수 병장도 사망했다. 이는 이미 2월 27일 전통으로 북한 측에 통보했던 사항이었다. 이후 유엔군사령관은 군사분계선

(MDL) 표지판을 수리하지 말도록 지시했다.

1971년 12월 11일 제325차 군사정전위원회에서 북한 측도 미군들이 한국군을 동원하여 '7일 군사분계선 표지물 제0669호 남쪽에서 22차례에 걸쳐 그들 지역에 105밀리 곡사포 사격을 감행했으며, 비무장지대 안에 중무기들을 끌어들여 총 사격을 감행하는 등 18차에 달하는 군사적 도발행위를 감행했다."고 주장했다.

또한 "1976년 3월 31일 16시 30분경 남한군이 군사분계선 표지 제1076호 동남쪽 650미터 지점 부근에서 인민군 초소를 향하여 10여 발의 M16자동소총 사격을 가하였으며 4월 1일과 3일에도 동남쪽 같은 지점 부근과 서남쪽 900미터 지점 부근 그리고 제1023호 남쪽 1,100미터 지점 부근에서 인민군 초소를 향하여 57밀리 무반동포와 12.7밀리 대구경기관총을 비롯한 자동무기로 사격행위를 감행했다."고 항의했다.

한편 한강 하구에서도 충돌이 종종 발생했다. 유엔군 측은 1970년 7월 20일 한강 하구지역에서 북한 병력이 우리 측을 향해 100여 발 이상의 중기관총을 발사했다고 주장했다. 7월 23일 01시경 북한 무장인원 3명이 아군 측 강안까지 침투했다가 발각되자 그들 초소의 엄호 아래 도주한 사건에 대해서도 항의했다.

1970년 6월 3일 한강 하구 북한초소에서 간첩 도주를 엄호하기

| 일시 | 시간 | 위치 | 개요 |
|---|---|---|---|
| 6.3 | 23:28 | 한강 하구 북한초소 | 간첩 도주 엄호 위한 기관총 사격 |
| 7.2 | 20:30 | 한강 하구 북한초소 | 중기관총 100여 발 |
| 7.23 | 1:30 | 한강 하구 북한초소 | 간첩 도주 엄호 위한 기관총 사격 |
| 9.7 | 0:05 | 한강 하구 북한초소 | 간첩 도주 엄호 위한 기관총 사격 |
| 9.18 | 14:00~20:00 | 한강 하구 북한초소 | 기관총 사격 50여 발(3차례) |
| 9.18 | 19:00~21:00 | 한강 하구 북한초소 | 기관총 사격(2차) |
| 9.26 | 15:21 | 한강 하구 북한초소 | 헬기에 대공포 50여 발 사격 |
| 10.7 | 6:30 | 한강 하구 북한초소 | 박격포, 야포, 기관총 등 1,400여 발 사격 |
| 10.7 | 19:25 | 한강 하구 북한초소 | 기관총 450여 발 |
| 10.8 | 19:44 | 한강 하구 북한초소 | 기관총 300여 발 사격 |
| 10.9 | 11:13 | 한강 하구 북한초소 | 기관총 20여 발 사격 |
| 10.1 | 19:20 | 한강 하구 북한초소 | 기관총 300여 발 사격 |
| 10.14 | 20:40 | 한강 하구 북한초소 | 기관총 50여 발 사격 |
| 10.15 | 18:57 | 한강 하구 북한초소 | 기관총 15발 사격 |
| 10.23 | 12:05 | 한강 하구 북한초소 | 기관총 20여 발 사격 |
| 10.27 | 20:16~20:32 | 한강 하구 북한초소 | 3차례, 수미상 기관총 사격 |
| 10.29 | 19:15 | 한강 하구 북한초소 | 기관총 20여 발 사격 |
| 11.5 | 19:05 | 한강 하구 북한초소 | 수발의 기관총 사격 |
| 11.26 | 21:20 | 한강 하구 북한초소 | 포탄 1발, 기관총 10여 발 사격 |
| 12.5 | 0:01 | 한강 하구 북한초소 | 기관총 500여 발 사격 |
| 12.5 | 7:14 | 한강 하구 북한초소 | 기관총 60여 발 |

〈표 4〉 1970년 한강 하구 총격사건

위한 기관총 사격이 있었다. 그 후에도 〈표 4〉에 정리한 것처럼 수많은 총격사건이 계속되었다. 11월 24일 제308차 회의에서 유엔군 측은 북한 쪽에서 10월 23일부터 11월 19일까지 4차례나 한강 하구 일대에 총포를 사격했고, 6차례의 간첩침투사건이 있었다고 항의했다.

이에 대해 북한 측은 1971년 5월 21일 21시 30분경에 남한 측이 수많은 병력을 동원하여 한강 하구 조강리로부터 144고지 사이의 강안 일대에 이미 12.7밀리 대구경기관총과 고사기관총을 설치해 놓고 맞은편 68.4고지와 주민 지역을 향하여 여러 차례에 걸쳐 500여 발의 총탄을 퍼부었다고 주장했다. 그들은 1974년 8월 12일 남한 측이 한강 하구에서 105밀리 곡사포를 비롯한 여러 가지 중무기와 자동무기들을 동원하여 포탄과 총탄을 쏘아대는 무장도발행위를 감행했다고 항의했다.

이러한 갈등과 충돌 때문에 한강 하구는 실제 이용되지 못했다. 우리 측은 민간선박의 운행이 북한군의 도발을 야기할 수 있으므로 이용할 여지가 없었다.

# 공동경비구역 내 충돌사건과 도끼만행사건

공동경비구역(JSA)은 적과 직접 대면하고 있는 긴장된 곳으로, 이 구역에서 1960년 11월 이후 1971년 1월말까지 공산 측이 유엔군 인원에게 행한 폭행이 21차례나 있었다. 그 가운데에는 1961년 4월 22일 판문점에서 북한 병사의 도발로 유엔군과 북한군 간에 10여 분간 주먹다짐이 있었고, 1968년 5월 15일 북한 경비병이 미 헌병에게 돌을 던진 사건 등이 있었다.

1970년대에 발생한 주요 사건 건수로 1970년 2건, 1974년 1건, 1975년 1건, 1976년 2건 등이 있었다. 1970년 10월 9일과 12일 공동경비구역에서 북한 경비병에 의해 난동이 일어났다. 1970년 10월 9일 오전 8시 미군 2명과 카투사 1명이 북한군과 격투를 벌인 이 사건의 경위를 살펴보면 공동경비구역에서 근무하는 북한 헌병 한 명이 규정된 견장을 어깨에 착용하지 않은 것에 대해 정전협정의 기본 조항의 준수를 요구하면서 시비가 일어났다.

10월 12일 사건을 보면, 10시 50분경 북한 경비장교 1명이 유엔군 측 경비병이 사진촬영을 한 이유로 구타를 가하자 이에 유엔군 경비병이 합세하였다. 이에 북한 측은 예비병력 50명과 판문각 공사 인원 10여 명을 동원해 집단난동을 일으켰고 이 과정에서 미군 장교

1명과 사병 3명이 부상을 입고, 북한 측도 2명이 중상을 입고 8명이 경상을 입었으며, 중립국감독위원회 스위스 대표단이 싸움에 개입하여 경상을 입는 일이 발생하였다. 공동경비구역에서는 유엔군 측 검문소가 없었는데, 이 사건으로 인해 10월 16일 비공식적인 쌍방의 협상을 통해 위병소가 설치되었다. 17일 제306차 회의에서 유엔군 측은 판문점 내 경비질서를 회복하기 위해 공동경비구역 내 쌍방 경비병은 협정에 의거해 장교 5명, 사병 30명으로 제한할 것, 경비병 무장(권총) 해제, 쌍방 경비장교는 지역 내 시설 조사 후 불필요한 초소 제거, 군정위 회담 시 양측 경비병은 중앙분계선 횡단 금지 등을 제안했다. 그러나 공산 측은 정전협정과 추가 협약에 의해 이미 충분히 규제할 수 있다며 이를 거부했다.

이후 1975년 6월 30일 군사정전위원회 제364차 본회의 종료직전인 16시 20분경 회담장 밖에 앉아있는 미군 장교에게 북한 기자가 야유하자, 이를 제지하려는 로프턴 헨더슨(Lofton R. Henderson) 소령에게 북한 경비병이 집단 구타를 가했다. 이 사건을 계기로 유엔군 측은 1975년 7월 12일 제365차 회의에서 공동경비구역 내 긴장 해소를 위한 방안을 다시 제의했다. 1976년 6월 26일에도 유엔군 측 경비병이 공동경비구역을 순찰 중 판문각 측방 북한 경비병 내무반 앞 건물을 통과할 때, 북한군 경비병 20여 명으로부터 공격을 받았다.

1976년 8월 18일 판문점 공동경비구역에서 도끼만행사건이 발생했다. 이 사건은 북한과 미국이 가장 짧은 시기에 집중적으로, 그리고 가장 첨예한 대립을 표출한 것으로 전쟁으로 치달을 수 있던 위기감이 조성되었다.

1976년 8월 18일 판문점 공동경비구역 사천교 근방에서 미루나무 가지치기를 하던 미군을 북한군 수십 명이 곡괭이와 흉기로 살해한 사건으로, 이로 인해 경비중대장 아더 보니파스(Arthur G. Bonifas) 대위와 소대장 마크 바레트(Mark T. Barrett) 중위가 사망하고 미군 병사 4명이 부상당했다. 미군 측은 북한 측이 처음에 가지치기에 동의했으나 작업이 진행될 때 폭력화되어 공격했다고 한다.

미국은 즉각 오키나와에서 F4를, 아이다호주에서 F112를, 괌에서는 B52기를 발진시켜 문제의 미루나무를 21일 오전에 베어냈다('폴 번얀(Paul Bunyan)작전'). 나무 한 그루 베는 일을 엄호하기 위해 항공모함과 핵폭탄 적재

**미루나무 제거 작업(1976년 8월 20일)**

가 가능한 전폭기가 출격했다는 사실은 북한에 대한 경고이면서 유엔사 경비부대의 안전과 판문점 공동경비구역에서 유엔군의 권위를 회복하려는 의지의 상징이기도 하였다.

북한 측의 주장에 의하면 오히려 유엔군 측 미 장병 14명이 보안구역에 도끼를 들고 그들의 허가를 받지 않고 나무를 찍기 시작했으며, 북한 병사들이 나무는 자신들이 심었기 때문에 자르지 말라고 주의를 주었다고 한다. 그럼에도 불구하고 미군이 도발을 멈추지 않아 자신들은 자위 차원에서 대처했다고 주장했다. 김일성도 미군이 일으킨 계획적 도발사건이라면서 "판문점 사건을 도발하기 위한 준비를 미리부터 하였고 사진기도 설치하여 놓았다."며 오히려 북한 병사들이 그들의 도발 혹은 정치적 음모에 걸려들었다고 주장했다. 그러나 사건의 야만성으로 인해 세계여론이 악화되고 유엔군 측의 무력시위가 이어지자 결국 김일성은 유감을 표명해야 했다.

그 이후 1984년 11월 23일 판문점에서 소련인 관광객이 서방으로 탈출하기 위해 군사분계선을 넘어 탈출할 때 북한군이 총격했듯이 언제든 적과 마주한 현실에서 충돌은 상존한다. 23일 11시 30분경 소련인 관광안내원 바실리 마투조크(Vasily Y. Matuzok)가 탈출하자 북한 경비병들이 자동소총으로 총격을 가했다. 이 사건으로 유엔군 측에서는 경비병 1명이 사망하고 1명이 부상을 당했으며, 공산 측에서는 3명이 사망했다.


## 대남침투용 땅굴 구축

북한의 남침용 땅굴이 발견된 것도 1970년대 중반부터이다. 북한이 지상으로 침투하는 과정에서 잦은 노출과 피해를 입자 지하로 침투하려는 전술을 병행했다. 귀순한 김부성의 증언에 따르면 이미 1970년대 초부터 땅굴을 파기 시작했으며, 총 17개로 추정되는 북한의 대남 침투용 터널 가운데 4개가 발견되었다.

　1974년 11월 15일 서부전선 비무장지대 고랑포 동북방 국군 제25보병사단 지역에서 구정섭 중사를 비롯한 10명이 경계초소(GP) 진입 중 땅굴을 발견했다. 이 땅굴에 대해 북한 측이 공동조사에 응하지 않자 유엔군 측은 단독으로 조사했다. 11월 20일 군사정전위원회 유엔군 측 조사반 요원이 땅굴 규모 및 증거품 수집을 위해 현지 조사 중 북측이 땅굴 내 은밀히 설치해 놓은 폭발물로 인해 유엔군사령부 공동감시팀(the United Nations Command Joint Observation Team)의 로버트 볼린저(Robert M. Ballinger) 미 해군 중령, 군사정전위원회 연락장교 김학철 해병 소령 등 2명의 장교가 순직하고 5명이 부상을 입는 일이 발생하였다.

우리 군 당국은 제1땅굴 발견 이후 또 다른 땅굴이 분명히 존재할 것이라는 판단하고, 땅굴탐색작전(counter-tunneling operation)을 계속했다. 그 결과 1975년 3월 19일 제1땅굴에서 47킬로미터 떨어진 철원 북방지역에서 제2땅굴이 발견됐다. 땅굴의 길이는 중앙 군사분계선에서 우리 측으로 이미 1,100미터나 침입한 것이었다.

이미 1973년 11월 하순 GOP경계 근무 중이던 제6사단 병사 2명이 미세한 진동과 함께 알 수 없는 폭음이 일정하게 들리자 이를 보고하면서 그 존재가 확인되었다. 이에 우리 군이 1975년 3월 1일 역갱도 공사를 착수하자 4월 8일 북한이 차단벽에 설치해 놓은 지뢰와 부비트랩에 의해 사단수색대 요원 중 김호영, 김재대, 이현기 등 8명이 안타깝게 희생되었다.

특히 제2, 3땅굴은 폭, 높이가 2미터가 넘어 병력이 2열종대로 침투할 수 있을 정도의 규모였다. 그러나 김일성은 남한 정부가 "땅굴 사건'을 꾸며 가지고 '남침위협'이 있다고 떠드는데 당신들도 생각해 보면 알겠지만 땅굴로 어떻게 군대가 나가며 설사 땅굴로 군대가 나간다고 한들 몇 명이나 나가겠습니까. 땅굴로 몇 사람 나가가지고서야 어떻게 '남침'을 할 수 있겠습니까. 현대전쟁에서는 땅굴이라는 것이 아무 소용도 없다."고 억지주장을 펼쳤다. 그는 "있지도 않는 '땅굴'을 조사하자고 하는 데 대하여 찬성할 수도 없는 것입니다. 남조선 반동들이 '땅굴사건'이요 뭐요 하고 떠드는 것은 총체적으로 보면 다 분렬의 구실을 만들려는 데 목적이 있습니다."고 우겼다. 제3땅굴이 발견되었을 때에도 1978년 10월 27일 제391차 회의에서 유엔군 측이 땅굴은 정전협정 위반이라고 비난하자 오히려 북한 측은 땅굴사건이 날조라고 반박했다. 심지어 김일성은 평양을 방문한 일·조 국교정상화국민회의 대표단과 만난 자리에서 땅굴을 판 목적이 침략을 위한 것이 아니라 남한에서 동란이 일어날 때 그곳 애국자들을 북으로 피난시키기 위한 것이라는 궤변을 늘어놓은 적이 있었다.

이렇게 거듭된 땅굴의 발견으로 그동안 북한이 줄곧 주장해 온 평

| 구분 | 제1땅굴 | 제2땅굴 | 제3땅굴 | 제4땅굴 |
|------|---------|---------|---------|---------|
| 발견 일시 | 1974.11.15 | 1975.3.19 | 1978.10.17 | 1990.3.3 |
| 위치 | 고랑포 동북쪽 8km | 철원 북쪽 13km | 판문점 남쪽 4km | 양구 동북쪽 26km |
| 크기 | 높이 1.2m/폭 1m | 높이 2m/폭 2.1 | 높이 2m/폭 2m | 높이 1.7m/폭 1.7m |
| 깊이 | 지하 45m | 지하 50~160m | 지하 3m | 지하 145m |
| 총길이 | 3.5km | 3.5km | 1,635m | 2,052m |
| 침투 길이 | 1,000m | 1,100m | 435m | 1,052m |
| 굴착 방향 | 고랑포-의정부-서울 | 철원-포천-서울 | 문산-서울(44km) | 펀치볼-서화<br>펀치볼-서울 |

〈표 5〉 발견된 땅굴 개요(자료: 전쟁기념관)

화공세가 완전히 거짓임은 물론, 그들의 대남전략이 무력에 의한 적화통일임을 여실히 드러났다. 당시 언론은 "어떤 노력을 해서라도 북한과 대화와 교류를 성사시키고 또 그들의 어려운 경제사정을 염려해 쌀이나 전력을 도와줄 길을 찾고 있던 남쪽으로서는 북쪽의 명백한 그 의도 앞에 분노와 배신감에 앞서 실망과 처연한 심정을 가라앉히기 어렵다."고 개탄했다.

## 1973년 서해사태와 해상도발

완도군 금당도 간첩, 군산 앞 어청도 간첩선 사건 등의 해상 간첩침투 외에 서해상 군사분계선 분쟁은 1970년대부터 본격화되었다. 이렇게 북한이 해상분계선에 대한 침범을 본격화하기 시작하게 된 배경에는 국내외적인 요인들이 작용했다고 볼 수 있다.

북한 함정은 1973년 10월부터 12월 중순까지 43회에 걸쳐 서해 NLL을 의도적으로 불법 침범했다. 이때 그들은 서해 도서를 왕래하는 우리 선박들이 북방한계선에서 남쪽으로 멀리 떨어진 우회항로를 택했는데도 위태로울 정도의 항해 교란을 하고, 서해 5도로 가는 뱃길을 차단하기도 해서 이를 '서해 5도 봉쇄사건'이라고도 부른다.

그 침범 사례를 보면 1973년 11월 19일 백령도 동방 1,000야드 해상에서 북한 경비정 1척의 북방한계선 침범, 11월 28일 8시 15분 소청도 북방 1,300야드 해상에서의 북한 측 초계함 2척의 소청도 인접수역 침범, 이날 13시 15분 다시 백령도 동남방 3,000야드 해상에서 북한 경비정 1척에 의한 경계선 침범 이후 11월 30일, 12월 16일, 18일의 2~3차례 침범 등을 열거할 수 있다. 이에 대해 우리 해군이 함정을 배치하여 대응함으로써 추가적인 충돌은 없었다. 그러나 만약의 사태를 대비하여 서해해역에 대해 경계를 유지하고 함정들이 정전협정을 위반하지 않도록 이 해역 내에서 해군 함정들의 이동을 철저하게 통제했다.

그런데 1973년 12월 제346차 및 제347차 군사정전위원회 회의에서 북한 측은 유엔군의 군사통제 아래 있는 서해 5도의 접속수역 일대는 북한의 연해이므로 남한 측이 이 도서군에 항행할 때에는 자신들의 사전 승인을 얻어야 한다고 주장했다. 또한 이 지역을 무단 항해하는 선박들에 대해서는 적절한 조치를 취할 것이며 이로 인해 야기되는 사태는 유엔 측의 책임이라고 통보했다.

이러한 논리에 따라, 북한 측은 1973년 11월 27일과 28일에 남한 구축함 제91함, 제96함이 백령도·대청도·소청도 서쪽 해상에 침투하여 정탐행위와 해군함선들의 정상적 임무수행을 고의적으로 방해하는 도발적인 적대행위를 했다고 주장했다. 반면에 1973년 11월 28일 소청도에 1해리 안쪽으로까지 경비정을 접근시킨 사실에 대해 항의하는 유엔군 측에 대해 북한은 "설령 우리가 1마일 안에 들어갔다 해도 우리의 연해에 대한 통상적인 순찰임무에 불과할 뿐"이라고 맞섰다. 소청도에서 북한의 기린도까지는 약 11.5해리이고 연평도는 섬 전체가 북한 해안으로부터 12해리 안에 들어간다. 유엔이 설정한 북방한계선도 모두 북한이 주장하는 12해리 안에 들어간다며, 그동안의 3해리를 완전히 무시하면서 그들의 12해리 기준에 따라 "남조선 해군 함선들이 연해에 침입, 정탐과 해상봉쇄를 감행하면서 특히 해주항에 입항하는 외국 상선들의 항해를 방해하고 있다."고 비난했다.

1973년 12월 12일에는 대청도 동북방 13마일 해상에서 북한 함정 1척이 백령도를 떠나 인천으로 항해 중인 민간 여객선 황진호를 납치하려다가 호위 중이던 우리 해군 함정과 20분간 대치한 후 북상한 적도 있었다. 이듬해 1월 5일 오후 5시경 북한 함정이 소청도 동방 2.5해리까지 북방한계선을 넘었고, 오후 6시경에는 소청도 동방 2해리까지 침범했다가 우리 해군이 추적하자 북상했다.

실제로 백령도로 가는 뱃길이 끊기고, 급기야 군수물자와 생필품을 수송기로 공수하는 사태가 발생하기도 했다. 무장과 속도에서 열세웠기 때문에 우리 함정들이 함부로 적의 미사일 사거리 안에 들어갈 수도 없었다. 결국 전면전을 각오한 과감한 호송작전을 벌이거나 군사정전위원회를 통해 사태를 수습해야 했다. 그 후 프랑스와 미국에서 함대함미사일을 긴급 도입하는 등 해상 우세를 회복하는 데 2년 가까운 시간이 걸렸다.

그 이후에도 북한 측은 북방한계선에 대해 정전협정에도 없는 것이며 미국이 어떠한 합의도 없이 그들의 수역에 제멋대로 그어놓은 비법적인 유령선이라고 계속 주장했다.

이러한 주장을 제기한 배경에는 이 시기 전후 증강된 북한 해군력이 남한 해군력보다 우세하여 NLL을 침범할 능력을 갖추었기 때문이다. 정전 후 북한 해군은 해상전력의 우위를 확보하고 곧 공세적으로 전환했다. 당시 우리 해군이 재래식 함포에 의존하는 수준이었다면 북한은 1968년부터 소련으로부터 사거리 23해리 스틱스 함대함미사일을 도입하여 고속정에 탑재하기 시작했고, 동해에서 소련 군함이 자주 출현하는 등 소련의 영향력에도 힘을 얻었다.

해상에서 북한의 도발이 증가한 데에는 대외적으로 유리한 정세를 활용하려는 의도도 있었을 것이다. 1969년 3월에 베트남에서 미군이 철수하면서 국제사회는 공산권 세력의 영향력이 증대되는 듯했다.

또한 국제적으로 영해권이 3해리에서 12해리로 확대되어가는 추세에도 영향을 받았을 것이다. 12해리 영해안은 1982년 4월 30일 제3차 국제해양법회의에서 "모든 국가는 본 협약에 의거하여 결정되는 기선으로부터 측정된 12마일을 초과하지 않는 한계까지 영해의 폭을 설정할 권리를 갖는다."(제3조)고 비로소 합의되었다. 이때 한국과 북한·일본 등 130개국이 찬성했으나 미국·터키 등 4개국은 여전히 반대했고 소련·체코 등 17개국이 기권했다. 하지만 그동안 논란이 되어 왔던 영해의 범위가 범세계적으로 성문화되었음을 의미했다. 미국 정부는 전후에도 3해리를 강력히 주장해서(the US strongly favors the 3mile limit of territorial waters) 유엔총회에서 영해 확장 논의에 대해 회피하려 했다. 그런데 북한은 미국도 12해리를 찬성한 것으로 주장했다.

북한 측은 1973년 12월 1일 제346차 군사정전위원회 본회의에서, 정전협정 어느 조항에도 서해의 해면에서 '계선'이나 '정전해협'에 대한 규정이 없다면서 서해 5도를 포괄하는 수역을 자신들의 영해라고 주장했다. 그러므로 자신들의 연해에서 그들의 해군 함선들이 자유로이 항해하는 것은 정상적이라면서 앞으로 서해5개 도서의 해상출입 시 북한 측에 신청하고 그 승인을 받으라고 주장했다.

# 서해사태 이후 북방한계선 침범과 충돌

1973년 서해사태 이후 이에 대응하여 우리 해군력은 증강되었다. 1974년 3월 11일 도서경비부대를 도서방어부대로 증편하고, 연평부대를 새로 편성했다. 1974년 3월 13일 대청도에도 병력을 처음으로 상주시키고, 레이더를 비롯 해안가에 기뢰를 부설하였다. 1975년 4월 하순에는 대형 고속정(백구-102함, 103함)이 도입되어 속도 면에서 북한 경비정을 추적할 수 있게 되었다. 1974년 1월과 6월에 해군은 한미연합 대잠훈련을 실시하고, 1976년 1월부터 해상초계기인 S-2가 도입됨에 따라 해·공 합동 대잠능력을 향상될 수 있었다.

1980년대 초 1,000톤급 경비함을 동·서·남해에 배치함으로써 북방한계선 경계 시에 고속정보다는 유리했다. 이후 노후 구축함을 대체할 무기체계를 개발해 한국형 호위함(FF)과 초계함(PCC)을 자체 생산하고, 1990년대에는 3,000톤급 헬기 탑재 구축함(KDX-1)에 이어서 4,000톤급 헬기 탑재 구축함(KDX-2), 7,000톤급 이지스 구축함(KDX-3)까지 전력화했다.

수중전력의 증강을 위해 1980년대 말부터 잠수함 확보사업을 추진하여 1993년 6월 해외에서 도입한 1,200톤급 장보고함을 취역시켰다. 또한 기술을 도입해서 국내에서 처음 건조한 '이천함'을 1994

년 5월 취역시켜 실전에 배치 운용했다. 1991년에는 해군조함단이 창설되어 체계적으로 획득사업을 관리했다. 이에 따라 2005~2009년도 전력투자 사업으로 4,000/7,000톤급 구축함, 대형 수송함, 1,800톤급 잠수함, 400톤급 고속정 등의 도입이 계획되었다. 2004년 북한의 전력과 비교했을 때 수송함의 비율은 240 대 740척, 잠수함은 10척 대 60척으로 나타나 그 전력이 낮은 것으로 평가되나, 다른 면에서는 107퍼센트로 앞서는 것으로 평가되었다.

1974년부터 1999년까지 북한의 대표적인 도발 사례는 1974년 2건, 1980년 4건, 1989년 3건, 1998년 2건 등이었다. 1970년대 이후에는 사라진 조기 대신 꽃게잡이 어선에 대한 도발이 주를 이루었다.

1974년 2월 15일 백령도 서방에서 북한 함정 3척이 북방한계선을 침범하여 남한 어선 1척을 격침시키고 1척을 나포한 사건이 발생했다. 북한 측은 이들 선박 수원 32, 33호가 간첩선이며, 남측이 이들을 서해 연해에 침입시켰다고 주장했다. 하지만 우리 측은 수원호 사건이 백령도 서북쪽 30마일 공해상에서 북한군이 도발사건이라고 반박했다.

한국어선단의 보호와 통제임무의 경우 해군 함정이 맡다가 1967년 1월 당포함 사건 이후 해안경비대에 그 임무를 인계했다. 1974년 6월 28일 동해에서 어선을 보호하던 해경 863호정이 북한 함정에게 영해침범을 구실로 격침되었다. 이날 사건은 한국해안경찰대 경비정 863호가 동해안 수원단 동북쪽 8.8해리, 군사분계선 연장선 이북 9해리 지점에서 항해 중에 발생했다. 이 사건은 12해리를 영해의 기준으로 설정하고 있는 북한과 3해리까지만 영해로 인정하고 그 바깥은 공해로 간주하고 있는 우리 측과의 영해분쟁으로 한국 해경대원 26명의 목숨을 앗아간 사건이었다.

한국 해경은 어선들이 항로를 벗어나서 북한 측 수역으로 잘못 들어가는 것을 방지하기 위해 군사분계선 연장선 부근에서 순찰활동을 하면서 때로는 연장선 이북으로 이동하곤 했다. 이러한 이동은 한국이 인정하는 북한 영해 3해리 바깥 수역에서 활동하는 것이어서 정전협정 위반은 아니었다. 그러나 북한 측은 이를 영해를 침범하여 정탐행위를 감행하는 것으로 간주하고, 포격을 가해 경비정에 타고 있는 승무원 26명의 전사자와 2명의 피랍자가 발생하였다. 당시 우리 측 경비정은 최고속력 13노트로 선령 30년이 지난 노후된 선박으로 군함을 공격할 능력을 갖추지 못했다. 이때 피랍된 승무원 2명은 지금까지도 북한에 억류 중이다.

북한 측은 1975년 2월 26일 오후 6시 서해 옹진반도 서쪽 북위 37도 25분, 동경 123도 35분의 공해상에서 어로작업을 하던 신의주 수산사업소 소속 어선 12척에 대하여 남한 측이 불의에 무장공격을 가하였다고 주장했다. 그러나 우리 측은 북한 어선이 백령도 영해를 침범했다고 주장했다. 북한 어선들이 소청도 서방 22마일 해상(북위 37도 36분 15초, 동경 123도 34분)까지 침범해 조업하고 있었으므로 한국 해군 서울함(DD-92)이 검색하려고 접근하자 어선 1척이 함정에 기습하여 침몰된 것이라고 반박했다.

1975년 7월 12일 북한 함정 5척이 서해 북방한계선 4.5해리를 침범했고, 1976년 9월 2일에도 북한 함정 2척이 NLL 2.5해리를 침범했다. 1978년 6월 7일 제388차 군정위 회의에서 북한 측은 남한 측이 5월 19일 평화적으로 조업하고 있는 어선을 침몰시키고 어민들을 납치해 갔다고 주장했다. 이에 대해 우리 측은 북한 어선이 저진 동남방에서 월선하여 조업하고 있을 때 해군 함정이 접근하자 총격을 가했으므로, 함포로 격침시켰다고 주장했다. 구조된 선원 8명을 북한으로 돌려보냈다.

1978년 6월 27일 북한 측은 남한이 서해에서 어선에 포사격을 가하여 배를 침몰시키고 어민들을 납치해 갔다고 항의했다. 즉 6월 27일 18시 24분경 남포수산사업소 안강망선 제512호는 황해남도 룡연군 장산곶 앞바다에서 고기잡이를 하다가 짙은 안개로 항로를 잃고 있을 때 남한 측은 구축함, 고속정, 경비정들을 동원하여 북상하는 우리 어선을 포위하고 나포하려다가 실패하자 20시 30분경 어선

에 포사격을 가하여 배를 침몰시키고 어민들을 납치해 갔다고 비난
했다.

1987년 10월엔 북한 함정 1척이 백령도 해역에 침투해 조업 중인
우리 어선 1척을 침몰시켜 어민 11명이 사망했다.

한편, 북한 측의 공중위반 사항 가운데 대표적인 사건으로, 1974
년 5월엔 한강 하구 상공을 날던 2대의 미군 헬기 기관총 사격 사건,
김포공항 이륙 후 기관고장으로 회항하던 보잉 707 여객기에 대한
30여 발의 고사포 사격 사건 등을 들 수 있다. 1981년 8월에는 서해
5도 부근 국제공역을 비행 중인 미 초음속정찰기(SR-71)에 SA-2 지
대공미사일을 발사한 사건도 있었다.

# 2부

# 동구권 붕괴 이후
# 북한 체제의
# 생존전략과 도발

# 1장
# 남북교류와
# 지상도발 감소

1970년대 남한의 경제발전과 그에 따른 군사비 지출이 증가하면서 남한에 우위를 차지하던 북한의 군사력은 점차 약화되었다. 최근에도 재래식 군사력의 측면에서는 북한이 한국보다 우위에 있다고 평가되고 있지만, 1976년 이후 남한이 한국군 증강 및 현대화 계획을 일컬었던 '율곡사업'을 통해 군사비 지출이 우위를 차지하였고, 2000년대에는 핵과 화학무기를 제외하고는 군사력도 북한을 능가하고 있다.

리콴유 싱가포르 전 총리는 2000년에 발간한 자서전 『내가 걸어온 일류국가의 길(From Third World to First)』을 통해 1986년 전두환 전 대통령과의 만남은 '충격적'이었다고 회상했다. 리 전 총리는 당시 청와대에서의 만남을 회상하면서 "북한에 두려움을 갖고 있는 전두환 대통령을 보고 충격을 받았다."면서 남한의 인구와 경제력, 주한 미군을 생각해 볼 때 "이상한 생각이 들었다."고 언급했다. 당시 북한은 광주민주화항쟁 이후 등장한 전두환 정권의 취약성을 포착해 도발을 격화시켰다.

그러나 한국은 1987년 이후 정치적으로도 민주화가 진전되면서 경제적 성공과 함께 안정적인 발전을 할 수 있었다. 물론 한반도에는 전쟁 위협이 상존해 있지만 이제 1990년대 이후 북한의 도발은 무력 적화통일론의 의미보다는 도발을 가장한 공갈협박으로서의 생존전략이라는 성격을 띠었다. 북한 정치의 불안정으로 경제적으로 앞선 남한을 교란시키거나 생존 등의 정치적 목적을 위해 침투, 사보타지, 간첩, 테러, 해상공격 등 도발을 계속해오고 있다.

1990년대 이후에는 1960~70년대와 같은 무력도발은 크게 줄어들었으나 "북한이 서해도발이라는 새로운 장기성 협박전략을 개발했다."는 지적처럼 서해에서 분쟁은 크게 증가했다. 북한 측은 "항시적인 긴장이 존재하고 있는 서해 해상에서 다시 충돌이 발생할 경우 그것이 전면전쟁으로 확대되리라는 것은 명백한 사실이다."고 협박했다. 사실 비무장지대나 서해 도서에서 발생한 어떠한 사소한 사건이라도 언제든지 큰 사건으로 확대될 수 있는 소지가 많았다.

국군은 북한의 도발을 막기 위해 비무장지대 또는 그 인근 지역에서 발생한 사건이나 관측 상황을 상급부대로 신속하고도 정확하게 보고하는 훈련을 실시하는 등 경계태세의 강화와 함께 감시장비 등을 개선했다. 1970년대 중반 이후 설치되기 시작한 대인레이더는 1990년대에 성능이 크게 개선되어 북한의 도발을 억제하는 효과가 나타났다. 1990년대 초반 이후 비무장지대 접경지역에 CCTV, 열상장비 등을 설치하고 K기관총으로 대비하자 충돌이 현저하게 줄어들었다.

여기에 남북 화해정책의 영향도 컸다. 1992년 2월 19일 '남북 사이의 화해와 불가침 및 교류협력에 관한 합의서'와 '한반도의 비핵화에 관한 공동선언'이 발효된 후 남북 간의 장애물이 하나씩 걷혀 가는 듯했다. 2월 20일 평양에서 김일성은 정원식 총리와 비공식 면담에서 "대결의 시대는 이제 끝났고 협력 합작하고 교류하고 불가침 하는 시대가 시작되었다."고 하고 "과거는 묻지 말자."는 대화가 오갔다.

이러한 분위기 속에 37년 동안 '금단의 수역'으로 방치했던 한강 하구 비무장 수역에서 1990년 11월 24일 준설선이 이곳을 처음으로 통과했다. 당시 수해 때문에 한강 하류와 임진강변의 제방이 유실됨에 따라 제방을 다시 쌓아 올리고 도로를 닦기 위해 건설회사 관계자들이 장비와 자재의 육로 운반비용이 너무 많이 든다면서 군사정전위원회에 북한의 협조를 받아달라고 요청해 왔다. 이에 북한의 동의를 받아 골재채취선 등 6척의 배로 구성된 준설선단은 한강 철책선 밖 강 위에서 자유로 건설에 필요한 흙을 채취할 수 있었다. 특히 11월 30일 하오 5시쯤 항행 도중 한강 하구에서 준설선이 이곳의 소용돌이와 선상 화재로 어쩔 수 없이 군사분계선을 넘어 북측 강변으로부터 200미터 떨어진 곳까지 접근했음에도 불구하고 북측은 총격을 가하지 않았다. 이에 따라 준설선이 하상을 준설한 뒤 안전한 수로를 따라 민간선박들이 드나들 뿐만 아니라 하구의 비무장지역에서도 남북의 발전을 위한 공동작업을 기대하기도 했다.

1990년대 이후 한국인들은 판문점을 남북한 교류의 상징으로 이해하려 했다. 하지만 북한의 총격도발은 횟수는 줄었지만 여전했다. 1992년 5월 22일 중서부전선에 침투한 무장간첩 3명이 비무장지대 군사분계선 남쪽에서 사살되었다. 1992년 8월 21일 북한군 제31사단 176GP에서 아군 제22보병사단 717OP로 기관총 3~4발을 사격하자 아군은 M60 200여 발로 대응했다.

1997년 4월 10일에는 북한군 제4사단 GP지역의 아군 제6보병사단 GP전방 수색로 개척작업 중 조우했을 때 북한군이 소총과 기관총 30여 발을 사격했으므로 이에 아군은 경고방송과 경고사격 15발로 대응했다.

1997년 7월 16일 오전 11시경부터 강원도 철원 제3보병사단 비무장지대에서 23분간 총격전이 일어났다. 북한군 14명이 안개를 틈타 중앙군사분계선을 넘어 70미터를 침범했다. 이에 따라 아군이 10시 57분 이들이 MDL선을 넘기 직전부터 교전규칙에 따라 경고방송을 했다. 3차례의 경고방송에도 불구하고 북한군은 이를 무시하고 MDL을 넘어 남쪽으로 70미터 가량 침범해 들어오자 아군 측이 공중을 향해 100발씩 두 차례에 걸쳐 모두 200발을 위협 사격했다. 북한군은 3분여 동안 멈칫했으나 11시 5분 북한 측의 두 GP로부터 아군 2개 GP로 소총 및 기관총탄 70~80여 발이 날아들었다. 아군도 1분 뒤 북측 2개 GP를 향해 캘리버50 중기관총으로 70여 발을 조준사격 했다. 11시 25분에는 박격포로 추정되는 10여 개의 포탄이 날아들었다. 곡사화기 공격을 두 곳 GP로 감행해온 것이다. 이에 대해 우리 측도 K2 소총과 중화기인 57밀리 무반동포 1발씩을 발사하여 맞대응했다. 11시 47분 우리 측에서 방송을 통해 "상호 사격을 중지하자."고 제안했고, 북한 측도 이에 동의한 듯 공격을 가해오지 않아 23분간의 총격전은 끝났다.

1997년 10월 17일에는 대성동 주민 2명이 납치되었다가 비서장급회의를 통해서 귀환했다. 1998년 3월 12일 북한군 12명이 국군 제3보병사단 지역의 중앙군사분계선을 40~50미터 월선했으나 아군의 경고방송과 사격으로 되돌아갔다. 2001년 9월 19일에는 북한군 20명이 국군 제15보병사단 지역의 중앙 군사분계선을 30~40미터 가량 월선하는 등의 사건으로 이어졌다.

그러나 남북관계의 진전에 따라 2007년 10월 2일 노무현 대통령이 남북정상회담에 참가하기 위해 분단 이후 처음으로 군사분계선을 걸어서 통과하기도 했다. 하지만 북한은 기회만 되면 정전체제의 안정을 위협했다. 이미 미국과의 평화협정 체결에 대한 압력 수단으로 1996년 4월 4일, 북한군 판문점대표부는 "정전협정에 의한 군사분계선·비무장지대의 유지 및 관리와 관련된 임무를 포기하고 판문점 공동경비구역과 비무장지대를 출입하는 인원과 차량의 식별표지를 착용하지 않겠다."고 발표해 정전체제를 약화시키려 했다. 북한측의 비무장지대 불인정 선언 직후인 5~7일 사흘 동안 200명 내외의 무장인원을 판문점 공동경비구역에 투입, 박격포 진지와 교통호를 구축하는 등 무력시위를 벌였다. 29일에도 무장한 북한군 40여 명은 판문점 내로 진입해서 무력시위를 했다. 그 이후에도 2003년 2월과 2006년 8월 한미연합군사연습, 2009년 5월 한국의 대량살상무기 확산방지구상(Proliferation Security Initiative, PSI) 참여 등을 빌미삼아 북한 측은 여러 차례 "정전협정을 지키지 않겠다."고 발표했다.

# 2장
# 북한의 화전양면
# 생존전략과 서해교전

1990년대 이후 한국인들은 판문점을 남북한 교류의 상징으로 이해하려 했다. 북한의 도발 횟수는 줄어들었으나 여전히 서해 북방한계선에서 월선 침범·총격도발 등은 끊이지 않고 계속되고 있다. 이 시기에는 지상 군사분계선의 충돌이 줄어든 대신 해상분쟁의 비중이 커졌다. 서해 NLL을 넘어와 단순한 침범이나 충돌을 넘어서 해상교전의 양상을 나타냈다.

북한 경비정과 어선에 의한 북방한계선(NLL)에 대한 침범 사례는 계속되었다. 대개 매년 3월 초부터 6월 말까지는 꽃게 성어기로 연평어장에서 매일 60여 척이 조업 중이었고, 이를 보호하기 위해 해군 고속정 3개 편대가 출항하여 어선 통제 및 대북경계임무를 병행했다. 이 시기 가운데 야간에 달이 뜨지 않는 취약기(6.4~12일, 7.5~12일)에는 도발사건이 많았다. 1974년에서 1998년까지 6월 중 해상 도발사례는 24건이고, 7월 중은 16건이었다.

1996년 9월에는 북한 잠수함(상어급) 한 척이 강릉 해안에 침투한 사건이 발생했고, 1998년 6월에는 동해 속초 동방 해상에서 남한 어부의 그물에 북한 잠수정(유고급) 한 척이 걸려든 사건도 있었다. 그런데 1999년 6월에는 휴전 이후 최초로 발생한 남·북 해군 간 교전인 제1차 연평해전이 발생했다. 이어서 2002년 6월 제2차 연평해전, 2009년 11월 대청해전 등 3차례의 해군 함정 간 교전이 발생하였다.

제1차 연평해전은 1999년 6월 6일부터 6월 15일까지 연평도 서측 북방한계선 남방 해역에서 남북 해군 간 6·25전쟁 이후 정규군 간 최대 규모로 치러진 해상전투였다. 더욱이 당시 햇볕정책이 추진되고 있던 가운데 도발한 본격적인 교전이라는 점에서 국민들에게 충격이 컸다.

이 기간 중 북한 해군은 매일 해 뜨기 전부터 밤늦게까지 시간을 가리지 않고 경비정 3~10척으로 북방한계선을 무실화할 목적으로 NLL을 남하 침범하여 우리 해군 함정에 충돌공격을 시도했다. 이에 우리 해군은 NLL을 사수하고 확전과 긴장고조를 방지하기 위해 북한 해군함정의 충돌공격을 회피하고, 고속 포위기동으로 대응하

**제1차 연평해전 시 남북 함정 충돌장면(1999년 6월 15일)**

면서 북한 함정에 함미(艦尾) 충돌로 맞대응했다.

　이러한 상황이 매일 계속되던 중, 6월 15일 6시 10분에 북한 경비정 4척과 어선 20척이 북방한계선을 침범했다. 이후 8시 40분 NLL 남방 2킬로미터 지점에 북한 경비정 3척이 추가로 침범했다.

　9시 28분 북한 경비정(PC-381)은 우리 고속정(PKM-325·338)에 기습 사격을 가해 왔다. 이에 따라 우리 해군 함정 12척은 9시 42분까지 14분간 북한 함정 10척과 교전하여 북한 함정 1척을 격침시키고 5척을 대파했으며 잔여 4척을 중파시켰다. 그러나 우리 해군은 경미한 손상을 입는 전과를 올림으로써 북방한계선을 확실하게 사수하

**제1차 연평해전 전승비(평택 제2함대사령부)**

였다.(제1연평해전 비문)

오전 9시 28분에 시작된 교전은 불과 14분 만에 종결되었다. 그 결과 북한 측이 어뢰정 1척이 격침되는 등 큰 피해를 입은 반면, 우리 해군은 인명 피해 없이 함정에 약간의 손상을 입었을 뿐이다. 이 사실은 북한의 군 수뇌부에 상당한 충격을 주었다. 북한 측은 자신들이 최대한의 인내력과 자제력을 발휘하지 않았다면 다시 한 번 전쟁의 불도가니에 잠겨 들었을 것이라고 주장했다. 또한 남측이 그들의 영해를 침범해 무장도발을 했다고 강조했다.

북한 측은 1999년 6월 제1차 연평해전을 계기로 NLL이 정전협정 상의 군사분계선이 아니라며 무효화 조치에 적극 나섰다. 1999년 7월 1일 판문점 장성급회담에서 정전협정과 국제해양법에 입각하여 새로운 해양경계선을 남북 등거리점과 대(對)중국 중간점을 연결한 점을 제시하고 그 이북을 그들의 해상군사통제수역으로 주장했다. 같은 해 9월 2일 북한군 총참모부 '특별보도'를 통해 새로운 '인민군 해상군사통제수역'을 일방적으로 발표했다. 즉 북측 강령반도 끝단인 등산곶과 남측 굴업도 사이의 등거리점, 북측 웅도와 남측 서격렬비열도, 서엽도 사이의 등거리점, 그로부터 서남쪽의 점을 지나 북한과 중국의 해상경계선까지 연결한 선의 북쪽 해상수역을 인민군 해상군사통제수역으로 한다는 것이었다.

2001년 4월 10일 오전 9시 20분부터 20분간 연평도 서북 해상에서 북한 경비정 2척이 NLL을 1.1해리 침범했다. 2001년 6월 1일에는 백령도 서북방 해상에서 북한 경비정 1척이 오전 5시 33분부터 1시간 넘게 NLL를 1.4해리 월선해 중국 어선을 단속한 후 복귀했다. 7월 6일에도 북한 경비정 1척이 오전 2시 22분에서 3시 7분까지 월선 침범했다. 2002년 3월 27일 백령도 서북방 해상에서 북한 경비정(PC급) 1척이 오전 10시부터 거의 1시간 가량 월선 침범하여 중국 어선을 단속한 후 돌아갔다.

북한은 연평해전의 패전에 대한 보복에 나섰다. 2002년 6월 29일

6시 30분 연평도 어선 56척이 출항하여 7시 30분에 어선 20여 척이 어로한계선을 최대 2해리를 넘어섰다. 그러나 그 위치는 NLL 5.5 해리 남방으로 북방한계선을 침범하지 않았다. 해군 고속정 편대가 어로한계선을 넘은 조업어선에 조업구역으로 복귀를 종용했다. 당시 북한 어선도 육도에서(NLL 북방 4해리) 20척, 등산곶(NLL 북방 3해리)에서 10척이 조업 중이었다.

이날 9시 37분 육도에서 북한 경비정 1척(PC-388, 155톤)을 시작으로, 46분에 등산곶에서 또 다른 한 척(PCF-684, 215톤)이 기동했다. 9시 54분 육도에서 출발한 경비정 1척이 NLL을 3해리 위반했고, 또 다른 한 척이 10시 1분에 연평도 서쪽 NLL을 1.8해리 침범했다.

이때 우리 고속정이 2,000야드 이상 거리를 유지하며 차단작전을 수행하자 북한 경비정 1척은 퇴각했으나 나머지 1척은 계속 남하하던 중 기습공격을 가해 왔다. 당시 통제선 상에 있었던 우리 해군 고속정은 남하하려는 경비정을 차단 기동하면서 퇴거를 요구했다. 그런데 북한 경비정(PCF-684)이 아군 제2함대 참수리 357정에 근접하여 85밀리 주포와 부포로 공격하여 조타실, 좌현 기관실, 후타실 등이 피격되었다. 위치는 NLL 남방 5.4킬로미터 지역이었으나 북한 측은 제1차 연평해전처럼 그들의 영해를 침범해 먼저 수백 발의 총포사격을 가했다고 주장했다. 심지어 격침된 우리 측 해군 고속정의 인양작업에 대해 자신들의 군사통제수역에서 작업이 이루어지므로 인양 관련 사안을 미리 통보하라고 우겼다.

이에 232편대를 비롯해 해군 편대가 대응사격을 했다. 그 사이 참수리-357정에 화재가 발생하여 침수되었다. 10시 50~51분, 북한 경비정 2척이 북방한계선을 넘어 북상하자 아군 함정도 곧 사격을 중지했지만, 그 과정에서 고속정정장 대위 윤영하, 병기하사 황도현 등 6명이 전사했고, 중위 이희완, 일병 김택중 등 18명의 부상자가 발생했다. 이렇게 많은 사상자가 발생한 데에는 아군의 경우 선제사격이 금지된 상태에서 북한군의 도발 시 자위권 차원에서 밀어내기 대응으로는 적의 기습공격을 방어하기에 매우 취약했기 때문이다. 더욱이 교전 초기 지휘통제체계 미비와 화력이 열세한 고속정 위주로 대응하면서 적 경비정 공격을 효과적으로 방어할 수 없었다.

사건이 발생한 곳은 1999년 6월 15일 제1차 연평해전 현장과 동일한 해역이었다. 교전 이전 5월 3일 북한 경비정 2척이 중국 어선 나포를 위해 북방한계선을 2해리 침범했고, 6월 11일 기린도 동남방 북한 경비정 3척 중 1척이 해상분계선을 0.5해리 침범한 이후 28일까지 1~4해리 정도 4회 반복했다. 예를 들면 13일에는 등산곶 동남방 북방한계선을 4해리 침범했고, 20일에는 어선이 1회 침범했다. 28일에도 연평도 서방해상에서 북한 경비정 2척이 북방한계선을 침범, 조업 중인 북한 어선을 단속 후 복귀했다.

　교전 이후에도 도발은 계속되었다. 2002년 8월 1일 백령도 남방 해상에서 북한군 경비정 1척이 10시 55분에서 15시 56분 사이에 NLL을 1해리 침범했다. 11월 20일에는 백령도 북방 6.5킬로미터 해상에서 14시 41~55분 사이 북한 경비정 1척이 NLL을 1.5해리 침범하자, 해군 초계함(PCC)이 76밀리 함포로 경고사격을 했다. 2003년 10월 30일 연평도 서쪽 6.5해리 해상에서 북한 경비정 1척이 11시 37~40분 사이 NLL을 0.5해리 침범하자 해군 초계함이 2분간 경고방송과 76밀리 함포 경고사격으로 퇴각시켰다. 2004년 11월 1일 소청도 동방 해상에서 북한 경비정 2척이 NLL에 접근하므로 경고통신을 했으나 1척만 북상하고 나머지 1척은 NLL 남쪽 2.7해리까지 침범했다.

　북한 군부로서는 NLL이 그 자체가 목적이 아니라 도발의 수단이 되었다. 이를 두고 탈북자들이 "북한은 서해도발이라는 새로운 장기성 협박전략을 개발했다."는 지적처럼 그들은 "항시적인 긴장이 존재하고 있는 서해 해상에서 다시 충돌이 발생할 경우 그것이 전면전쟁으로 확대되리라는 것은 명백한 사실"이라고 협박을 계속했다.

　한편 북한 측은 연평해전(제1, 2차) 이후 교전의 원인이 경계선의 부재라고 우기면서 새로운 계선을 협의한다는 명분을 내세워 3자 기구의 전례가 될 수 있는 3자협의를 끈질기게 요구했다. 제1연평해전 패배 직후인 1999년 7월 21일과 8월 17일에 진행된 판문점 장성급회담에서 북한군 측은 서해 해상 군사분계선을 미군 측에 제시하고 실무접촉을 통해 협의하자고 제안했다. 그들은 회담에서 쌍방이 대치하고 있는 기본 문제점으로 서해 해상 군사분계선이 북한 측과 미군 측이 주장하는 선중에 어느 것이 타당한지를 확인하자고 주장했다. 그들이 제시한 서해 해상 군사분계선은 아래 〈그림〉과 같이 정전협정에 따라 주어진 선인 황해도와 경기도의 도 경계선을 연장한 점과 북한 측 강령반도 끝단인 등산곶, 미군 측 관할하의 섬인 굴업도 사이의 등거리점(북위 37도 18분 30초, 동경 125도 31분 00초), 북한 측 섬인 옹도와 미군 측 관할 하의 섬들인 서격렬비도, 소협도 사이의 등거리점(북위 37도 1분 12초, 동경 124도 55분 00초) 그리고 그로부터 서남쪽의 점(북위 36도 50분 45초, 동경 124도 32분 30초)을 지나 북한과 중국과의 경계선까지를 연결한 선이라면서 법적 타당성과 합리성이 있다고 주장했다.

북한 측은 1999년 9월 2일 소위 '서해 해상 군사분계선'을 일방적으로 선포하여 해상분계선을 쟁점화하려는 의도를 드러냈다. 즉 NLL의 무효를 공식 선언하고 서해상 경계로 '해상 군사분계선'을 새롭게 선포했다. 이에 따르면 백령도 등 서해 5도 주변 바다는 모두 북한 수역에 포함되어 서해 5도에 출입하려면 북한이 지정한 수로를 통해야만 한다는 것이 북측의 주장이다. 이어 2000년 3월 23일엔 서해 5도를 출입하는 수로 2개를 설정한 '서해 5개섬 통항질서'를 발표했다. 이는 기존 북방한계선 대신 그들이 설정한 수로로 서해 5도를 오가라는 통보였다. 물론 우리 정부는 이를 인정할 수 없다고 즉각 반박했다.

북한은 2006년 3월 제3차 남북장성급 군사회담에서 서해 북방한계선 재설정에 대한 협의를 주장했고, 5월 16일 제4차 남북장성급 회담에서 김영철 북측 단장은 "서해 5개 섬에 대한 남측의 주권을 인정하고 섬 주변 관할 수역문제는 쌍방이 합리적으로 합의, 가깝게 대치하고 있는 수역의 해상군사분계선은 반분하고 그 밖의 수역은 영해권을 존중하는 원칙에서 설정해야 한다."고 새로운 경계선을 제시했다.

NLL을 인정하느냐 마느냐라는 합의할 수 없는 문제에 매달리고 있다는 점에서 제자리걸음을 하고 있는 것은 분명하지만, 남북 모두 군사적 충돌 방지책의 필요성에 공감했다.

2007년 '10·4 남북정상회담'에서는 서해평화협력지대 개발 합의로 절충안이 마련되었다. 남북은 NLL 주변에서의 무력충돌을 막기 위해 이 일대를 평화지대화하는 방안을 추진하기로 했다. 한 달

뒤 11월 하순 평양에서 열린 제2차 남북국방장관회담에서는 쌍방은 "전쟁을 반대하고 불가침 의무를 확고히 준수하기 위한 군사적 조치들을 취하기 위해 지금까지 관할하여온 불가침경계선과 구역을 철저히 준수하면서 남북군사공동위원회를 구성해 해상불가침 경계선 문제와 군사적 신뢰구축 조치" 등을 논의하기로 합의했다. 이미 2005년 6월 22일 대통령자문지속가능발전위원회에서 채택된 "서해연안 국제평화공원지정" 사업에서 국제 해양평화공원의 지리적 범위는 서해 북방한계선과 주변 해역을 포함하여 김포시, 인천광역시(강화군), 황해도, 개성직할시 등이었다.

그러나 NLL 기준으로 남북 공동어로구역을 설정하는 문제가 해결되지 못해 이명박 정부 시기에는 NLL을 '40년간의 실효적 지배'가 이어진 영토선이란 점을 들어 재협상에 반대하는 입장을 취해 왔다. 2012년 12월 대선에서는 북방한계선 포기 논란에 휩쓸였다. 반면에 북한은 2009년 11월 13일 남측에 보낸 통지문을 통해 과거 그들이 선포한 서해 '해상 군사분계선'을 고수할 것이라고 밝혔다

# 천안함 폭침 및 연평도 포격사건

이명박 정부가 내세운 '비핵·개방 3,000' 정책에 반발한 북한은 2008년 3월 남북 간 대화를 중단하고, 군사적 위협과 강경 조치를 강화했다. 2008년 7월에는 금강산 관광객이 피격되어 사망했고, 2009년 3월에는 개성공단 육로통행을 차단되었으며, 5월에는 제 2차 핵실험을 강행했다. 이해 11월 10일 오전 우리 해군 고속정은 NLL을 1.2해리 가량 침범한 북한 경비정을 격퇴하는 대청해전이 발생하기도 하였다.

이듬해 2010년 3월 백령도 인근 해상에서 경계작전 임무를 수행하고 있던 천안함이 북한 잠수정의 어뢰공격을 받아 침몰되어 46명이 전사하는 사건이 발생했다. 이 천안함(PCC-772) 폭침사건은 3월 26일 백령도 인근 우리 영해에서 정상적인 경계작전 임무를 수행하고 있던 해군 함정에 대해 북한 잠수정이 기습 어뢰공격을 감행해 우리 군 장병 46명을 희생시킨 불법적인 무력도발이었다.

천안함은 폭발 충격으로 인하여 함수와 함미 함체가 절단되었고, 함미 함체는 폭발과 함께 바로 침몰하였다. 함수 함체는 오른쪽으로 90도 기운 상태에서 부력을 잃고 침몰되고 있는 상황에서 승조원 104명 중 58명이 해군 고속정과 해양경찰청 함정에 의해 구조되었다. 해군은 민·관·군 및 미군 전력을 이용하여 2010년 3월 26일부터 5월 20일까지 백령도 근해에서 초동조치 및 탐색작전, 인명구조작전, 함체 인양작전, 실종자 및 잔해물 인양작전 등을 실시하여 실종자 46명 중 시신 40구를 수습하였다. 이 과정에서 구조작전에 참여했던 해군특수전전단(UDT/SEAL) 한주호 준위가 순직했다.

침몰 해역에서 수집된 증거물과 선체의 변형형태, 관련자의 진술, 지진파 및 공중음파 분석, 수중폭발의 시뮬레이션 결과 등을 종합 정리하면 천안함은 어뢰에 의한 수중 폭발로 발생한 충격파와 버블 효과에 의해 절단되어 침몰되었다. 폭발위치는 가스 터빈실 중앙으로부터 좌현 3미터, 수심 6~9미터 정도이며, 무기 체계는 북한에서 제조한 고성능폭약 250킬로그램 규모의 어뢰로 확인되었다. 해군은 4월 15일 함미를, 24일 함수를 인양해 제2함대로 옮겼으며, 한 달 후인 5월 24일부터 이를 일반인에게 공개했다.

천안함 사태 이후 정부는 유사 사건의 재발을 막고 대북 억지력을 강화하기 위해 합동조사단의 조사가 이루어지고, 이명박 대통령이 5월 24일 대국민 담화와 곧 이어 통일, 외교, 국방 3부 장관의 후속 제재조치가 이어졌다. 정부의 '5·24 조치'는 "남한 해역에서 북한 선박의 운항금지, 개성공단을 제외한 남북 간 교류와 교역을 중단 및 우리 국민의 방북 제한, 북한에 대해 사과와 재발방지 및 책임자 처벌 요구, 대북 심리전 재개" 등을 비롯해 미국과 일본 등 우방국과의 협력을 강화하여 유엔안보리 대북제재결의안 1718호와 1874호의 엄격한 이행을 촉구하고 대량살상무기확산방지구상(Proliferation Security Initiative, PSI) 훈련에 적극 참여하는 등의 내용을 담고 있다. 이조치에 의해 개성공단을 제외한 남북한 교역이 금지됨으로써 북한은 커다란 경제적 손실을 보게 되었다.

또한 같은 해 11월 23일에는 우리 군이 연평도에서 정례적인 해상포격 훈련 이후, 14시 34분경 북한군이 해안포와 곡사포 170여 발을 연평도 해병기지와 민간 거주지에 발사한 연평도사건이 발생했다.

연평도 포격도발은 천안함격침사건의 충격이 채 가시기도 전에 일어난 사건이다. 국방부는 24일 "북방한계선은 지난 60여 년간 우리 군이 피로써 지켜 온 실질적 해상경계선이고, NLL 이남 해역에서 실시하는 사격훈련은 대한민국 영해수호를 위한 정당한 방어훈련"이라며 북한의 연평도 포격도발은 명백한 침략행위이자 민간인에 포격을 한 반인륜적 행위임을 강조했다. 이렇게 김정일 정권이 천안함폭침과 연평도 포격도발을 야기한 것은 불안한 세습체제의 안정화를 도모한 측면도 컸다. 김정일은 이듬해 2011년 12월 17일 사망했다.

대한민국 국군은 진돗개 하나를 발령하고 80여 발의 대응사격을

실시했으나 이 사건으로 남측과 북측의 군인 7명이 전사하였으며,
민간인도 2명이 사망했다. 남북 간의 교전 중 민간인이 사망한 것은
6·25전쟁 이후 처음 있는 일이었다. 중국을 제외한 대부분의 국제
여론은 북한의 도발을 규탄했으나, 북한은 남측에 책임을 떠넘기며
정당한 군사적 대응이라고 주장했다. 이 사건은 천안함 사건과 함께
남북 간의 갈등을 더욱 심화시켰다.

이러한 사건이 재발하지 않도록 북한 도발을 억제하고 도발 시 도
발 원점과 지원세력을 확실하게 타격함으로써 서북 5도의 전략적
가치 제고와 서북 5도의 핵심 방어전력인 해병대 강화로 연결되었

**북한군 포격으로 파괴된 연평도 주택가(출처: 옹진군청)**

다. 이러한 정부의 강력한 의지가 구체화된 것이 바로 서북도서방위사령부 창설이다.

서북도서방위사령부는 정보·작전·화력 위주의 기능을 보강하고 육·해·공군으로 구성되는 합동참모부를 편성하여 서해 5도지역에 대한 합동작전 지휘체계를 구축했고, 적 종심지역까지 책임지역을 확장하여 도발 원점을 타격할 수 있는 능력을 구비하게 되었다. 서북도서부대의 전력도 보강되어 대포병 탐지레이더와 K-9, 130밀리 다연장 등 관련 전력을 대폭 증강했다.

# 3장
# 북한, 핵개발과 군사적 위협

1990년대 이래 부각된 북핵문제는 한반도의 미래를 결정하는데 중요한 변수이다. 북한은 이미 거듭된 핵실험으로 체제의 생존수단을 넘어 대남·대미 위협수단으로 이용하고 있다. 그들은 동구권 붕괴 이후 소련의 지원 중단, 한국과 소련, 그리고 중국과의 수교 등에 충격을 받아 북한식 생존전략으로 핵을 선택하였다.

북한이 핵무기를 개발하려고 하자 한미 양국은 이를 저지하기 위해 1991년 11월에 열린 제23차 한미연례안보협의회의에서 가장 중요한 의제로 공동대응책을 채택했다. 이후 북한의 핵개발문제는 주요 이슈가 되었고, 한미상호방위조약에 따라 한국에 대한 어떠한 무력침략도 격퇴할 수 있는 즉각적이고 효과적인 지원과 핵우산을 제공한다는 미국의 공약을 재확인했다.

북한은 전략적 공격능력을 증강하기 위해 핵, 탄도미사일, 화생무기를 지속적으로 개발하고 있다. 1960년대부터 영변의 핵시설을 건설하고 1970년대에 이르러 핵연료의 정련·변환·가공기술을 집중적으로 연구하였다. 1980년대 이후부터 전기출력을 내는 발전 겸용 시험 원자로인 5MWe 원자로의 가동 후 폐연료봉 재처리를 통해 핵물질을 확보하였고, 축적된 기술을 기반으로 핵실험을 감행하였다.

이미 1992년 2월 남북한은 '역사적인 화해와 불가침 및 교류 협력에 관한 합의서와 비핵화공동선언'에 합의했다. 이 합의에 따라 남북한은 정치·군사교류 협력분과위원회와 핵통제공동위원회를 각각 발족시켜 남북 간에 합의한 사항을 이행하기 위한 대책들을 마련하려고 협의를 계속하여 왔다.

그러나 국제원자력기구(IAEA)의 사찰요구에 반발해 1993년 3월 핵확산금지조약(NPT) 탈퇴를 선언한 이후 〈표 6〉과 같이 여러 차례 합의와 위반을 반복했다. 제1차 북핵위기 때 미국은 당시 북한의 핵시설 동결을 대가로 경수로를 제공하는 것을 골자로 한 '1994년 제네바 핵동결합의'를 했다.

제2차 북핵위기는 2002년 10월 3일 미 대통령 특사로 북한을 방문한 제임스 켈리 국무부 차관보가 방북 보고서에서 북한이 고농축우라늄(HEU) 프로그램 보유 사실을 시인했다고 발표하면서 시작되었다. 이에 따른 대북 중유지원 중단 결정에 반발한 북한은 같은 해 12월 21일 핵시설 봉인과 감시카메라 제거 등 핵동결 해제조치를 개시했다.

한편으로는 2002년 10월 25일 북한 외무부 대변인은 "부시 행정부가 우리를 악의 축으로 규정하고 핵 선제공격 대상에 포함시킨 것은 명백히 우리에 대한 선전포고"라고 규정하면서 "조선반도에 조성된 엄중한 사태를 타개하기 위하여 우리는 조-미 사이에 불가침조약을 체결하는 것이 핵문제 해결의 합리적이고 현실적인 방도로 된다고 인정한다."고 제안하였다.

북한은 "미국이 불가침조약을 통해 우리에 대한 핵 불사용을 포함한 불가침을 법적으로 확약한다면 우리도 미국의 안보상 우려를 해소할 용의가 있다."고 하면서도 2005년 2월 외무성 발표를 통해 '핵무기 보유'를 선언했고, 2006년 10월 9일에는 핵실험을 강행했다.

|  | 제1차 북핵위기 | 제2차 북핵위기 | 제3차 북핵위기 |
|---|---|---|---|
| 위기 발단 | IAEA, 특별사찰요구/북한, NPT 탈퇴 | 북한, 핵개발 시인 | 로켓(인공위성) 발사 및 제2차 핵실험 |
| 핵개발 양태 | 플루토늄 추출을 위한 핵연료봉 재처리 | 고농축우라늄 의혹 제기 | 제2차 지하 핵실험 |

〈표 6〉 북핵위기 비교: KNSI 현안진단 제148호

제3차 북핵위기는 2009년 4월 5일 북한이 '광명성 2호 위성'을 발사하자 미국이 유엔안보이사회를 소집해 북한의 행위를 비난하는 의장성명을 발표함으로써 촉발되었다. 이에 대해 북한은 평화적 우주이용권과 주권을 침해한다면서 5월 25일에는 제2차 핵실험을 강행했다.

이후에도 핵 도발을 계속했다. 2012년 12월 12일 북한이 장거리 미사일 시험 발사를 감행하자 국제사회는 이에 대응하여 2013년 1월 23일 유엔 안보리 결의 제2087호를 채택하고 대북 제재를 강화하였다. 이에 대해 북한은 1월 24일 국방위원회의 성명을 통해 안보리 결의를 비난하면서 핵실험을 실시할 것임을 공표하였다. 이후 우리를 포함한 국제사회가 북한의 핵실험 위협에 대해 단호하고 강력한 경고 메시지를 보냈음에도 불구하고, 북한은 2013년 2월 12일 함경북도 풍계리 지역에서 제3차 핵실험을 감행하고, 한 달도 못 된 3월 5일에 정전협정의 백지화를 선언했다.

아울러 북한은 2012년 4월 개정 헌법 서문에 핵보유국임을 명시한 데 이어 2013년 3월 31일 노동당 중앙위원회 전원회의에서는 "경제건설과 핵무력 건설 병진노선"을 당 노선으로 채택하고, 4월 1일 최고인민회의에서는 "자위적 핵보유국의 지위를 더욱 공고히 할 데 대한 법"을 채택하여 핵보유 의지를 더욱 노골화하였다. 또한 4월 2

일 북한 원자력총국은 5MWe 흑연 감속로 등 영변의 모든 핵시설을 재가동한다고 발표하였다.

이러한 도발-합의-도발로 이어지는 잦은 위반으로 미국을 비롯한 국제사회는 북한의 핵 폐기 의지를 신뢰하지 않고 있다. 북한이 현재까지 4회에 걸친 재처리과정을 통해 추정되는 플루토늄 보유양은 40여 킬로그램에 이를 것으로 보인다. 또한 2009년 외무성 대변인의 '우라늄 농축'에 대한 언급과 2010년 11월 우라늄 농축시설의 공개 등을 고려해 볼 때 고농축우라늄 프로그램을 진행하고 있는 것으로 평가된다.

2014년 1월 시드니 사일러(Sydney A. Seiler) 미 국가안보회의의 한반도 담당 보좌관은 "북한 핵은 더 이상 협상용 카드가 아닌 실제 위협용"이라고 지적했다. 커티스 스캐퍼로티 주한미군 사령관도 같은 해 10월 25일 미 국방부에서 가진 기자회견에서 "북한이 핵탄두 소형화 기술을 갖고 있는 것으로 믿고 있다."고 말했다.

북한이 핵을 보유한다는 의미는 한국에 대한 위협 수준을 넘어 미국과 대결구도로도 갈 수 있음을 뜻한다. 앞으로도 북한은 핵이 그들의 운명을 좌우할 것이라는 효용론에 매달릴 것이다. 특히 북한이 핵탄두의 소형화에 대한 능력과 미사일 탑재 기술을 갖고 있다면 한국에 현실적인 위협이 될 것이다.

# 3부

# 북한의 도발
# 극복방안

# 1장
# 더 이상 무력도발이 없는
# 평화공존이 우선이다

올해 2015년은 전쟁이 일어난 지 65주년이 되고, 정전협정이 체결된 지 62주년이 되는 해이다. 이제 시간상으로는 6·25전쟁을 '냉전의 추억'으로 여길 만한 세월이 흘렀지만, 2010년 11월 연평도 포격사건이 실증하듯 남북관계에는 아직도 언제라도 폭발할 수 있는 가연성이 내포되어 있다.

김일성이 한반도 문제를 힘으로 해결하려 한 6·25전쟁은 수많은 인명과 재산 피해를 입혔을 뿐 실패한 사건이다. 그런데 북한 측은 6·25전쟁을 통해서 무력에 의한 통일이 전혀 불가능하다는 점을 교훈으로 삼지 못했다. 휴전협상에서 군사분계선의 설정이 당시 접촉선으로 타결된 것은 결과적으로 특히 지상에서는 쌍방의 군사적 역량이 평형상태에 있었음을 의미한다. 그야말로 제3차 세계대전의 가능성을 염두에 두지 않고서는 어느 일방의 승리가 불가능했다. 정전협정은 이를 재확인한 것이었다.

전후 남북한이 대치한 곳은 판문점 공동경비구역, 비무장지대, 동·서해 북방한계선 등이다. 1956년 조선로동당 제3차 대회에서 송호성은 "북한에는 전쟁을 선동하는 사람이 없으며 또 있을 수도 없을 뿐더러 만일 그러한 자가 있게 된다면 그는 사회적으로 규탄을 받게 될 것이다."고 주장했다. 그러나 정전 후에도 북한은 전쟁도발에 대한 반성 없이 무력 위협과 도발을 하고 있다. 주민들의 식량도 해결하지 못한 '실패국가'로서 "국내외 정세가 북한 쪽에 불리하게 되고 남한에 의한 흡수통일이 현실적 위협으로 여겨질 때 북한에서는 차라리 일전 불사 가능성은 배제할 수 없지만" 이제 그들은 대남적화할 능력이 없다.

"북한 공산주의자들이 전쟁을 도발하느냐 또는 하지 않느냐 하는 것은 그들에게 있다기보다는 오히려 우리에게 달려 있다고도 볼 수 있다. 우리 내부에 어떤 허점이 있느냐 없느냐에 따라, 즉 허점이 있다면 적을 우리 스스로가 불러들이는 결과가 될 수도 있다는 것이다."(전국 치안 및 예비군 관계관 회의에서 박정희 대통령 유시에서, 1976.1.21) 그런데 1987년 이후 남한이 민주화되고 경제발전도 두드러졌으며 군사력도 크게 증강되어 1990년대 이후에는 1960~70년대와 같은 무력도발은 크게 줄어들었다.

다만 북한 측이 "항시적인 긴장이 존재하고 있는 서해상에서 다시 충돌이 발생할 경우 그것이 전면전쟁으로 확대되리라는 것은 명백한 사실이다."고 협박한 것처럼 비무장지대나 서해 도서 등에서의 사소한 도발도 언제든지 확대될 수 있다.

정전체제 아래 1980년대까지 전후 계속된 분쟁과 도발 배경은 무엇보다도 북한의 그릇된 전쟁인식으로부터 비롯되었다. 즉 김일성과 그 후계자인 김정일은 6·25전쟁의 '승리론'에 기반한 무력통일론을 포기하지 않고 정전체제를 위협해 왔기 때문이다. 1990년대 이후 남한의 군사력, 경제력 등이 북한보다 우위에 있음에도 불구하고, 그들은 기존의 무력통일전략의 계승과 체제의 생존전략의 일환으로 도발을 계속하고 있다.

정전체제는 비무장지대 설정, 한강 하구 공동관리, 공동감시소조 활동이나 중립국감독위원회 등을 주요 내용으로 긴장상태를 완화하며 분쟁을 협의와 회담의 방법으로 해결함에 있어서 매우 중요한 의의를 가지고 있다. 그러나 중립국감독위원회 역할에 대한 쌍방의 대립으로 군사력 증강에 대한 통제는 1956년 이후부터 불가능하게 되었고, 공동감시소조 활동 역시 약화되면서 비무장지대는 무장화되는 등 정전체제는 '종전'도 아니고 평화도 아닌 '반(半)전쟁' 상태가 계속되었다. 이에 대비해 남한은 주한미군 주둔, 한미상호방위조약 체결, 국군현대화 등으로 정전체제를 유지해 왔다.

정전 직후부터 북한은 여전히 남한을 적화대상으로 삼았기 때문에 베트남전쟁이 격화되는 과정 속에서 한반도에 대한 미국 영향력이 약화될 것으로 보고 청와대 기습사건을 비롯해 수많은 도발을 했다. 그렇지만 한미동맹 체제를 약화시키거나 붕괴시킬 수 없었다.

또한 구소련의 붕괴 이후에도 북한이 여전히 중국에 의존하고, 중국은 6·25전쟁 개입논리의 연장으로 북한에 영향력을 행사하고 있다. 김정일 국방위원장이 임종 전에 그의 후계자인 김정은에게 오랜 우방인 중국과 러시아와의 신뢰를 최우선으로 할 것을 부탁했던 것처럼 정전체제는 쉽사리 극복하기 어렵다.

2000년 6월 15일 남북공동선언 이후, 북한에서도 이 선언을 "50여 년 동안에 걸쳐 이룩할 수 없었던 조국통일을 위한 력사적 과제들이 실현된 민족사적 사변"으로 평가하고, 통일운동이 민족자주의 궤도에 확고히 들어서게 되었으며 민족적 화해와 단합, 대단결의 기운이 더 한층 높아지게 되었다고 널리 주장되고 있다. 그러나 그 후에도 서해교전, 천안함격침사건 등이 발생했듯이 계속되는 북한의 도발에 의해 무장된 휴전(an armed truce) 속에 내포된 긴장은 사라지지 않고 있다.

남한에서는 북방한계선이 지난 반세기 이상 남북한 사이의 해상 경계선의 효력이 있는 것으로 주장해 왔으나, 북한에서는 1970년대 이후 NLL을 자주 침범하면서 이를 부인해 왔다. 특히 서해상에는 매년 6월 꽃게잡이철이면 남과 북 사이에 서해상 영해침범이라는 상호 엇갈린 주장과 군사적 경고와 행동이 주기적으로 반복되고 있다. 이처럼 해상분쟁이 잦은 이유는 북방한계선 조항이 정전협정에 규정되어 있지 않는 점을 북한이 이용하고 있기 때문이다.

북한 측은 해상충돌의 근원이 북방한계선이라고 주장하고 있으나, 해상경계선이 불분명해서 무력충돌이 일어난 것은 아니다. 경계선이 분명한 지상분계선에서도 한때 북한의 도발은 끊임없이 이어졌다.

북방한계선이 북한의 주장대로 우리 측의 일방적인 선언에 그친 것이 아니라 남북한 충돌을 방지하기 위해 설정된 것으로, 북한 측은 해상 방위수역이 철폐된 후 3일 만에 설정된 의미를 파악해야 할 것이다. 그들은 이미 1955년 영해에 대한 문제제기 없이 남한 어부들이 수속만 밟으면 자신들 영해에서 어로작업을 할 수 있도록 조치했다고 주장했다.

그후 1958년 12월 북한 내무상과 수산상은 남한 어민들이 명태

성어기에 일정한 수속을 거쳐 북한 측 공동어로 구역에서 고기잡이를 허가하는 공동성명을 발표하면서 남한 어민들이 어로작업을 할 수 있도록 적극 협조 보장하여 줄 것을 요구했다.

해상분쟁을 해결하기 위해, 일선에 고속정을 배치하는 대신 구축함을 배치한다거나 잠수함·링스헬기 등을 증강시켜 대응할 필요가 있다. 그러나 남한이 보유한 군사적 억제력에도 불구하고, 연평해전·천안함격침사건 등과 같은 북한의 군사적 도발 가능성은 상존한다. 그러므로 '예방주의'를 넘어서서 남북한이 불신의 적대관계를 청산하고 공존공영을 추구하면서 공동의 이익을 위해 상호 협력하는 '적극적인 평화'를 구축하는 노력이 필요하다.

그동안 남북한 사이에는 정상회담, 고위급회담, 국방장관회담 등이 열렸고 인적·물적 교류도 활발해졌다. 특히 개성공단의 건설은 남북한 평화공존에 매우 큰 시사점이 매우 크다고 할 만하다.

전쟁 중 개성은 남북한이 서로 획득하려고 할 만큼 중요한 의미를 가진 곳이다. 이 지역에 공단을 건설하고 남북한이 합작을 하고 있다는 점은 남북한 긴장완화와 교류를 위한 상징적인 성과이다.

천안함 격침사건 이후 '5·24조치'에 대한 북한의 반발로 2013년 4월 개성공단의 가동이 중단되었다가 9월에 재가동되었다.

정전협정에는 남북한 무력충돌을 방지하기 위해 비무장지대, 한강 하구 공동관리 등이 규정되어 있다. 남북한 사이에 무력충돌은 어떠한 경우에도 피하겠다는 상호 신뢰가 형성되면 한강공동개발 등으로 나갈 수 있을 것이다. 여기에 서해안을 포함한 비무장지대를 평화지대로 만드는 일로 나아갈 수 있을 것이다.

그동안 남북한 사이에는 많은 회담, 선언 등이 있었다. 그러나 합의된 사항의 이행에 대한 검증이 없었다. 이 때문에 상호불신만 불러오는 결과를 낳았지만 통일을 위한 노력은 계속되어야 한다. 남북한 상호신뢰의 형성을 위해 비무장지대는 진정한 의미의 비무장지대로 바뀌어야 한다. 4킬로미터 범위의 비무장지대는 이곳을 안정화시키는 데 너무 좁을 뿐만 아니라 더욱이 무장화되어 있어서 갈등이 발생할 여지가 많은 곳이다.

비무장지대가 제기능을 회복해야 남북 간 군사충돌을 막고 긴장을 완화시킬 수 있을 것이다. 이때 유엔평화기구를 유치하는 방안이나 'DMZ 세계평화공원'도 가능할 것이고, 중립국감시군 조직, 혹은 중립국감독위원회 체제 대신 유엔평화감시군의 휴전선 주둔으로 바꿀 수 있을 것이다.

휴전협상 과정에서 지상에서는 완충지대를 설정했으나, 해상에서는 존재하지 않았고 해상표지를 분명히 하지도 않았다. 하지만 남북한은 북방한계선의 토대 위에 공동어로구역, 서해 연안 해양평화공원 등 해상에서 평화지대를 건설할 수 있다.

이미 2007년 10월 4일 남북정상회담에서 현 정전 체제를 종식시키고 항구적인 평화 체제를 구축하는 데 인식을 같이했다고 선언했으나, NLL을 포함한 군사분계선의 갈등과 충돌이 발생한 것은 아직도 북한이 무력을 사용하는 것은 결코 절대 안 된다는 확고한 의지가 없기 때문이다. 그러므로 남북한이 신뢰구축을 위해서는 우선 남북불가침협정이 필요하다. 정전상태를 종식시키기 위해서는 북한과 미국 사이에 평화협정을 체결보다는 이미 채택된 불가침합의가 하루빨리 이행되도록 노력하는 것이 필요하다.

남북기본합의서에는 이미 무력불사용, 분쟁의 평화적 해결, 불가침의 경계선 등이 포함되어 있다. 이러한 합의를 이행하기 위해서는 기존에 합의된 남북군사공동위원회와 같은 기구를 적극 활용하는 것이 적절하다.

불가침협정은 이미 남북한이 수차례 제의했던 것이고, 남북기본합의서에서 합의했던 내용이다. 남북기본합의서의 불이행을 막기 위해 북한과 미국의 불가침협정보다는 남북불가침협정 체결과 이에 대한 미·중·일·러 등의 보장론이 더 바람직하다.

박정희 대통령도 "평화라는 것은 무슨 협정이다, 조약이다 하여 종이 한 장에 서명을 했다고 해서 보장이 되는 것은 결코 아니다."

(1974년 연두 기자회견에서)고 말한 적이 있었다. 2007년 10월 당시 노무현 대통령을 만난 김정일 위원장은 "무슨 선언을 하자고 하는데 7·4 남북공동성명부터 여러 가지 선언들이 지금 보면 그냥 종잇장에 불과한 것 아니냐?"라고 했다.

이렇듯 무엇보다 북한과의 한번 합의된 협정이나 사항은 완전히 실행되는(full implementation) 것이 필수적이다. 이미 1951년 11월 28일 휴전회담에서 남일 공산 측 대표는 "정전의 유지는 무력균형에 의한 것이 아니라, 양측의 신실성에 놓여 있다."고 강조했다. 그러나 남북한 사이, 국제적으로 맺은 협약, 합의서 등에 대한 북한의 이행과정은 신뢰할 수 없었다. 2009년 1월 30일 북한에서 "모든 정치·군사합의의 무효화"를 선언했다. 따라서 쌍방은 합의 사항의 준수에 대해 계속적이고 열정적으로 확인을 해야 한다.

그동안 남북한 관계는 활발하게 접근과 화해의 신호가 나타나다가 그러한 희망을 날려버리는 개별적인 사건들이 출현하는 과정이 반복되었다. 따라서 남북한 신뢰구축을 위해서는 6·25전쟁과 전후 군사분계선 분쟁으로 인한 유산을 가장 우선적으로 청산하는 것이 필요하다.

전쟁에 대한 사과, 미귀환 국군포로, 이산가족 상봉 등도 해결하고 서해안평화지대를 추진하거나 종전선언을 할 때 1970년 6월 서해에서 나포된 해군 방송선 'I-2정' 승무원 20명, 1974년 6월 동해에서 어선을 보호하던 격침된 해경 863호정 승무원 2명 등의 생사 확인과 귀환이 있어야 한다. 이러한 문제에 대한 매듭이 없었기 때문에 지난 수많은 합의에도 불구하고 갈등과 분쟁이 재연되었고 신뢰가 형성되지 않았다.

## 2장
# 평화 체제 구축과
# 주변 강국의 협력

독일 브란트 정권은 1970년 8월 소련과의 조약체결을 시작으로 동유럽과 관계 정상화를 통해 마침 동유럽 붕괴를 계기로 1990년 10월 통일에 성공했다.

이미 노태우 정부 시절 동구권 국가들에 문호개방을 하고 관계를 개선함으로써 남북통일을 앞당긴다는 북방정책을 추진했다. 소련과 중국에 접근하기 위해 동구권에 먼저 접근했다. 1989년 1월 29일 동구 국가 가운데 처음으로 헝가리와 국교를 수립하게 되었다. 북방외교의 첫 파트너로 헝가리를 선정한 데는 헝가리가 공산권 국가 중 가장 진보적이고 개혁적이었으며, 1988년 서울올림픽 참가를 가장 먼저 선언했다는 점이 고려됐다.

헝가리와의 수교 이후 폴란드(1989년 11월), 유고슬라비아(1989년 12월), 체코, 루마니아, 몽골(1990년 3월), 소련(1990년 9월), 중국(1992년 8월)과 차례로 수교하는 데에 성공했다. 이러한 외교적 성과로 한국은 미, 일은 물론 러시아, 중국 등 한반도 주변 강국 모두와 직접적인 교섭이 가능해졌다.

1970년대 이후 남북한 당국자 중심의 대화 노력이 당사자의 정치적 이유 때문에 부단히 중단과 재개를 계속하였지만, 이러한 외교적 성과와 변화하는 국제정세에 힘입어 1992년 2월 남북 간에는 역사적인 화해와 불가침 및 교류 협력에 관한 합의서와 비핵화공동선언을 할 수 있었다. 이 합의에 따라 남북한은 정치·군사교류협력분과위원회와 핵통제공동위원회를 각각 발족시켜 남북 간에 합의한 사항을 이행하기 위한 기틀을 마련했다. 김일성은 남북기본합의서를 '역사적 사변'이라면서 합의 문건이 남북의 책임 있는 당국이 민족 앞에 다진 서약서인 만큼 그 이행에서 당국자들의 책임이 크다고 강조했다.

그런데 이 무렵부터는 남한이 통일문제에서 우월한 입장이 되었으나 북한은 흡수통일이 되지 않을까 하는 우려를 핵개발로 타개하려 하고 있다. 이러한 이유로 최근 박근혜 정부에서 제시한 '통일대박론'과 '통일시대준비위원회' 구성에 대해서도 반발하고 있다.

비록 60여 년간 남북이 나뉘어 서로 다른 체제에서 살아 오는 동안 이질화가 심화되었지만, 자본주의나 공산주의의 이념보다 더 뿌리 깊이 자리 잡고 있는 한국인들의 고유한 문화유산, 동일한 언어 등의 동질성은 통일을 이루는 데에 주요한 요소이다. 그런데 독일 통일 이후 서독의 경제적 부담 증가, 동서독 주민 사이의 갈등 등 문제점이 많이 드러나자 남한에서도 그러한 '성급한' 통일보다는 충분한 준비를 가지고 통일하자는 주장이 강해지면서 국민들의 통일에 대한 열망이 약해지고 있다.

결국 한반도 통일은 북한에 남한 체제를 강요하는 것도 불가능하고 그 반대도 불가능하다는 인식을 토대로, 남북한의 체제가 서로의 모순을 극복하면서 새로운 민족공동체를 형성해야 할 것이다. 이를 위해 한반도에서 조성된 정전체제를 종식시키기 위하여 북핵문제 해결, 불가침선언, 평화협정체결, 이에 따른 주한미군 역할 변화, 한미연합군사훈련 조정, 군비통제, 민간인의 자율적인 교류확대 등 통해 남북한 평화공존체제를 구축하도록 하여야 한다. 이를 기반으로 분단구조의 안정화에 그치는 것이 아니라 통일의 길로 나아가는 과도적 체제도 가능할 것이다.

그런데 한반도 통일은 주변 국가에 전략적으로 극히 민감한 문제여서 한반도 문제이기도 하고 국제문제이다. 중국은 6·25전쟁 시 북한의 남침계획을 지지하고, 전쟁에 직접 개입하여 남한에 많은 인적·물적 피해를 안겨 주었다. 중국은 정전협정 당사국이 되었을 뿐만 아니라 전쟁을 통해서 북한과 '형제'국이 되어 전후에도 친북한적인 역할을 수행했다. 정전협정이 체결된 이듬해인 1954년 4~6월 제네바에서는 한국의 평화와 통일을 논하기 위한 국제 정치회의가 열렸다. 서방 측에서는 유엔군 참전국과 한국이, 공산 측에서는 구소련과 중국, 북한이 참가했다. 정치회담에서 남한은 유엔감시 하선거를, 선거 이전 중공군 완전 철수, 유엔군 철수는 통일정부가 전한국에 대한 완전통치를 달성하고 이를 유엔이 확인할 때 완료할 것등을 주장했다. 반면에 1954년 6월 15일 북한 남일 외상은 정전상태로부터 공고한 평화로의 이행을 위해 외국 군대 철군과 남북의 군대 규모를 10만 명을 넘지 않도록 축소, 쌍방의 군대를 평화상태로전환시키기 위한 위원회 구성, 남북조선을 물론하고 다른 국가들 사이에 군사적 의무와 관련되어 조약 체결 반대 등 6개항을 제안했다. 중국 측도 북한의 입장을 전적으로 지지한다고 했다. 그러나 정전직후 그들에 대한 불신이 팽배하여 있을 때 북한 측이 미군 철수, 한미상호방위조약 체결 반대 등으로 내세워 정치회담은 결렬될 수밖에 없었다.

군사정전위원회 중국 대표단은 1955년 1월 21일자로 위원 1명과 소령 1명만 남기고 나머지는 철수했다. 이미 1953년 7월 28일 제1차 군사정전위원회 제1차 회의에서부터 이상조, 최용한, 박리용 등 3명의 북한군 대표와 중국군 2명이 참석했다. 1954년 1월 13일 제36차 회의에서는 북한군 장성 2명에 중국군 장성 1명이 참석했고, 이후에도 북한군 대표들만 참석한 회의도 많았다.

중국과 북한은 1955년 주체사상의 도입으로 자주를 내세우기 시작한 데다가, 친공계 연안파의 숙청으로 갈등이 있었다. 1956년 8월 조선로동당 중앙위원회 전체회의에서 연안파와 친소파가 김일성의 우상화와 경제정책을 비난하고 상업상 윤공흠과 서휘 등이 중국으로 도망치는 사건이 발생했다. 김일성은 1957년 11월 마오쩌둥을 만났을 때 반역자를 넘겨줄 것을 요구했으나 마오쩌둥은 이를 거부했다. 이어진 중공군 철군으로 독자노선을 강화했다.

더욱이 1966년부터 시작된 중국의 문화혁명으로 북중관계는 소원해져 갔다. 1965년부터 1969년까지 양국 간에 고위급의 방문도 없었고 1968년에는 한동안 국경이 폐쇄되기도 했다. 군사정전위원회에서도 1971년 7월까지 중국군 대표를 철수시켜 중국이 북한을 견제할 할 수 있는 능력이 약해졌다.

북한은 전쟁에서 중국의 지원만으로 무력통일을 성공시킬 수 없었기 때문에 소련과의 관계도 중요했다. 그러나 1990년대 초에 구소련이 붕괴되면서 북한에서 중국의 의존도가 더욱 늘어났다.


# 한반도 평화정착과 중국의 역할

동북아시아를 비롯해 전 세계적으로 러시아의 영향력이 급속히 줄어드는 대신 경제적으로나 군사적으로 중국이 크게 부상했다. 중국의 대북 영향력이 점점 커져서 북핵문제, 한반도 통일 등 우리나라 안보문제는 중국의 협조 없이는 해결할 수 없는 것이 현실이다. 주변국들은 중국이 북한의 도발행위를 억제하도록 영향력을 행사해 줄 것을 기대하고 있다. 하지만 중국은 미국의 아시아 정책의 핵심은 중국을 봉쇄하는 데 있다고 인식하고 있으며, 그 주요 방안으로 미일동맹 및 한미동맹을 강화하고 있다고 보고 있다. 중국 측으로는 한국 주도의 통일보다는 남북한이 공존하는 체제를 더 선호하고 있다.

점진적인 한반도 통일을 선호하는 중국 입장과 맥락을 같이 하는 남북기본합의서는 이와 관련하여 여러 부속합의서가 발효되었음에도 불구하고 직통전화 설치 외에는 대부분 이행되지 않았다. 그 이유는 북한의 주장대로 북미평화협정이 체결되지 않았기 때문이 아니라 평화보장 장치가 미흡했기 때문이다. 남한 측은 합의과정에서 미국 외에 주변 강국까지 포함시키기를 원했으나 진전이 없었다. 전후 정전체제 아래, 남한을 포함한 유엔군과 북한과 중국군이 당사자였는데, 남북기본합의서는 미국과 중국이 배제됨으로써 이행을 담보하는 데 약점이 되었으므로 장차 평화체제 논의 등에서는 양국의 참여가 필요할 것이다.

강영훈 국무총리는 1990년 11월 22일 오후 국회 본회의 정치분야 대정부 질문 답변에서 남북불가침선언 문제와 관련, "북한의 대남 혁명전략 포기 등 확고한 '보장장치'가 가시화되지 않는 한 불가침선언은 무의미한 것"이라며 "정상회담이 성사될 경우에도 먼저 보장장치가 충분히 논의된 뒤 불가침선언 채택문제가 검토될 것"이라고 말해 '선 보장장치 후 불가침선언 채택' 방침을 분명히 했다. 홍성철 통일원장관도 국회에서 불가침협정의 신뢰성과 안전도를 높이기 위해 미·소·중·일 등 한반도 주변 4대 강국의 상호불가침 국제적 보장 방안이 새롭게 추가된 것이 특징이라고 답변했다. 그러나 북한과 협의과정에서 4대 강국의 보장이 제외되었다.

북한을 미국의 대중 포위전략의 완충지대로 생각하는 중국의 불안을 덜어줄 방안을 모색해서 정전체제를 평화체제로 전환하는 데에는 중국의 역할을 끌어내야 한다. 중국이 6·25전쟁과 전후 계속 지정학적 접근 즉 완충지대론적 접근을 하지 않도록 지경학적 접근

위에 미국의 전략과 연계하여 대안을 마련해야 할 것이다.

다행히 중국 일부에서는 북한 정권이 중국에 있어서 도움이 되지 않고 오히려 쓸모가 없어 졌으며, 오직 끊임없는 번거로움만 주기 때문에 더 이상 희생할 필요가 없다는 주장도 등장하고 있다. 즉 북한의 전략적 가치 평가를 높게 보는 것은 '냉전적 사고'라면서 북한이 미국의 '아시아 복귀' 전략을 막는 병졸이나 사냥개 역할을 해주기를 바라지만 그들이 중국의 희망대로 움직일 가능성은 희박하므로 '악성자산'인 북한을 포기해야 한다는 뜻이다.

이제 중국 정부는 한반도에서 북한과 연계하지 말고 독자적으로 협력방안을 모색할 때이다. 중국은 전쟁 시기 중국군 개입을 자신의 안보를 위한 적극적인 조처로 이해하면서 여전히 한반도에서 그들의 안보에 위협이 되는 요소, 특히 한국 자체가 아닌 다른 세력, 즉 미국에 의한 위협을 경계하고 있다. 주한미군의 존재는 물론 남북이 통일될 경우 미국과의 완충지대 상실을 염려하는 것이다. 따라서 중국은 한반도에서 장기적이고 단계적인 통일을 원하고 있다. 그들은 6자회담을 통해 관련국 간 북핵문제 해결을 위한 진전을 이룬 뒤 일정한 단계에서 한반도 평화체제에 대한 논의에 찬성했다.

6자회담은 북한의 우라늄농축프로그램(UEP) 논란으로 불거진 한반도 제2차 핵위기를 수습하기 위해 2003년 8월 27일 첫 회의를 시작했다. 그러나 북미 대립으로 출발부터 순탄치 않았다. 북한도 부시 미 행정부의 이라크 전쟁과 대북 강경노선을 지켜보면서 핵무기를 체제 생존의 버팀목으로 삼고 있다. 베이징에서 열린 제1∼3차 회담에서 미국은 '선 핵포기 후 보상' 입장을 고수했고, 북한은 핵 동결과 불가침조약 및 경제지원의 '동시행동'을 주장하며 맞섰다.

북한은 거듭된 핵실험으로 핵을 포함한 대량살상무기를 체제 생존수단으로 인식하고 있다. 그러나 북한의 핵 프로그램 신고 대상에 핵무기와 고농축우라늄 포함 여부가 명확하지 않았고 신고이행과 경제지원 간의 선후관계도 불분명했다. 6자회담은 2008년 12월 수석대표회의를 끝으로 재개되지 못하고 있다.

6자회담 체제 출범 후 북한이 세 차례나 핵실험을 하면서 사실상 핵무기 보유국이 됐다는 점에서 지금까지는 성공적인 회담은 아니었다. 즉 북한의 핵개발을 지연시키는 역할을 했지만 결국 당초 목표로 했던 핵 프로그램 폐기를 이루지 못했고, 북한의 핵보유를 막지도 못했다. 북한의 벼랑끝 전술과 중국의 소극적인 협조로 6자회담을 통한 북핵위기 해결은 한계를 보여 주고 있다. 국제적으로 고립된 북한 입장에서 핵은 체제 생존의 문제이므로, 6자회담 참가국들이 북한으로 하여금 핵을 포기하도록 유도하려면 한국을 포함한 미·일·중·러의 체제 정상화 문제를 함께 다뤄야 한다.

따라서 2003년 8월 출범 이후 지지부진한 기존 6자회담 대신 정전협정 주요 당사국인 남북한과 미·중 4자회담의 활성화가 바람직하다. 이미 북한의 정전체제 무실화에 대응하여, 1996년 4월 16일 한미정상은 4자회담을 제의한 적이 있었다. 이를 통해 북한의 핵 불능화에 이어 북한과 미국 관계 정상화, 남북한 정상회담, 평화 체제 구축단계 등을 밟을 수 있을 것이다.

# 참고문헌

곽태환,『국제정치속의 한반도: 평화와 통일구상』, 서울프레스, 1999

권양주,『한반도 평화통일 프로세스』, 선인출판사, 2014.

기의호 외,『대비정규전사 III』, 군사편찬연구소, 2004.

김계동,『북한의 외교정책과 대외관계—협상과 도전의 전략적 선택』, 명인문화사, 2012.

김성호,『우리가 지운 얼굴』, 한겨레출판사 2006.

김연철,「동아시아 질서와 평화체제 전망」,『경제와 사회』99, 2013년 가을호.

미치시타 나루시게, 이원경 옮김,『북한의 벼랑끝 외교사』, 한울아카데미, 2015.

박휘락 외,『북한 핵·미사일 위협과 대응』, 북코리아, 2014.

서울대 행정대학원 통일정책연구팀,『남북과 북, 뭉치면 죽는다』, 랜덤하우스중앙, 2005.

송대성·이대우,『평화체제 구축 국제적 경험과 한반도』, 세종연구소, 2000.

송제완,『대침투작전사』, 육본, 2012.

심병철,『조국통일문제 100문 100답』, 평양: 평양출판사, 2003.

윤호근,『한반도』, 을유문화사, 2005.

이문항,『JSA-판문점: 1953~1994』, 소화, 2001.

이수형,『맷돌의 굴대전략—한반도 평화통일 전략구상』, 국가안보전략연구소, 2014..

이종석,『칼날 위의 평화 노무현 시대 통일외교안보 비망록』, 개마고원, 2014.

이종석,『통일을 보는 눈』, 개마고원, 2013.

임동원,『피스메이커』, 중앙북스, 2008.

정성철,『국내불안과 대외도발: 북한에 대한 적용 가능성 탐색』, 통일연구원, 2013.

정세현,『정세현의 통일토크』, 서해문집, 2013.

통일연구원,『남북관계연표 1948~2011년』, 2012.

한용섭,「한반도 신뢰프로세스'를 통한 안보와 북핵문제 해결방안」,『통일정책연구』22-

1, 2013.

함택영, 「북핵문제 해결과 한반도 평화체제의 모색」, 북한대학원대학교 북한미시사연구
소, 『현대북한연구』 17-2.

Jonathan Pollack, *No Exit: North Korea, Nuclear Weapons and International Security*,
IISS, 2011.

Robert V. Hunt Jr., *Boderline Warfare*, Trafford Publishing, 2012.

## 〈대한민국 정체성 총서〉 기획위원

| | |
|---|---|
| 자유북한방송 대표 | 김성민 |
| 한국자유연합 대표 | 김성욱 |
| 군사편찬위원회 책임연구원 | 남정옥 |
| 전 월간조선 기자 | 이동욱 |
| 변호사 | 이인철 |
| 북한인권법 통과를 위한 모임 | 인지연 |
| 대한민국 정체성 총서 기획팀장 | 홍훈표 |

# 대남도발사

| 펴낸날 | 초판 1쇄    2015년 5월 30일 |
|---|---|

| | |
|---|---|
| 지은이 | 조성훈 |
| 펴낸이 | 김광숙 |
| 펴낸곳 | 백년동안 |
| 출판등록 | 2014년 3월 25일 제406-2014-000031호 |

| | |
|---|---|
| 주소 | 경기도 파주시 광인사길 30 |
| 전화 | 031-941-8988 |
| 팩스 | 070-8884-8988 |
| 이메일 | on100years@gmail.com |

| | |
|---|---|
| ISBN | 979-11-86061-34-3   04300 |

※ 값은 뒤표지에 있습니다.
※ 잘못 만들어진 책은 구입하신 서점에서 바꾸어 드립니다.

이 도서의 국립중앙도서관 출판시도서목록(CIP)은 서지정보유통지원시스템 홈페이지
(http://seoji.nl.go.kr)와 국가자료공동목록시스템(http://www.nl.go.kr/kolisnet)에서
이용하실 수 있습니다.(CIP제어번호: CIP2015014507)

책임편집 홍훈표